Mittelmeer

Tauche ein in die mediterrane Welt

Arabisch ist die meistgesprochene Sprache am Mittelmeer. Im Arabischen wird das Mittelmeer auch *weißes Meer* genannt.

Auf ans Mittelmeer!

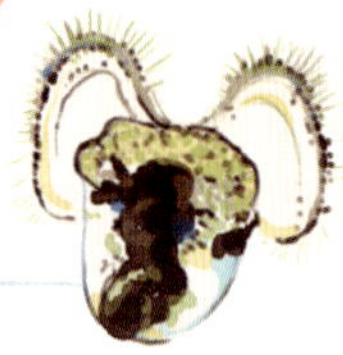

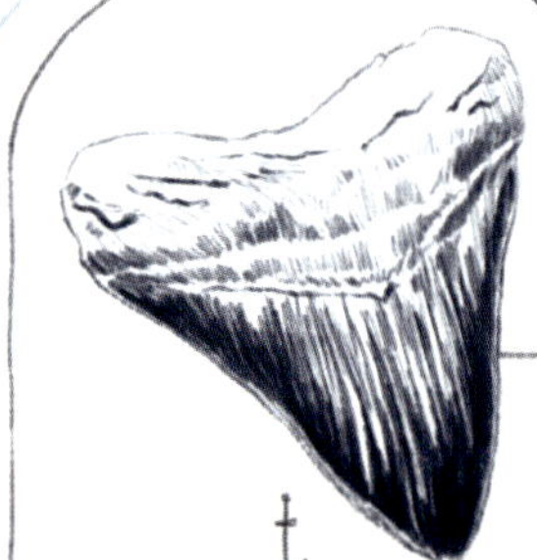

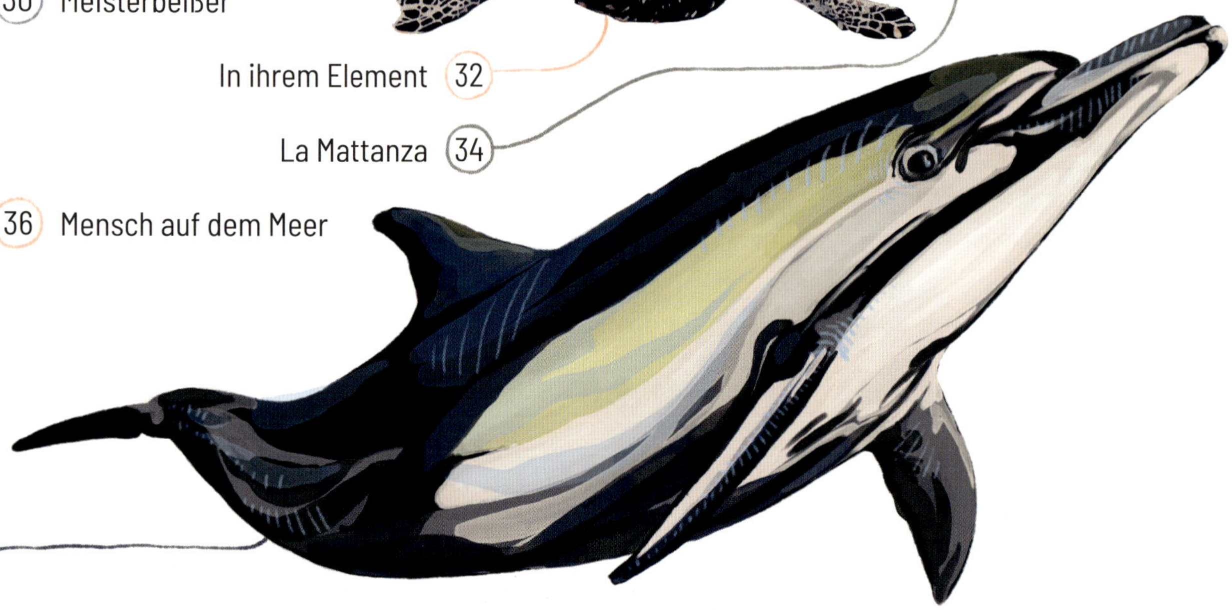

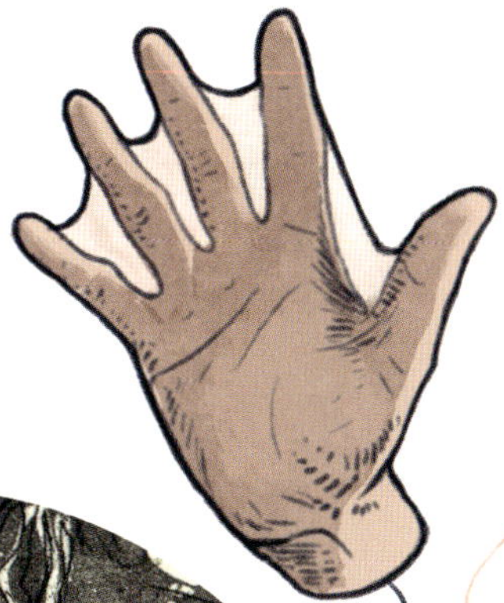

NOS RÊVES
NE TIENNENT PAS
DANS VOS URNES

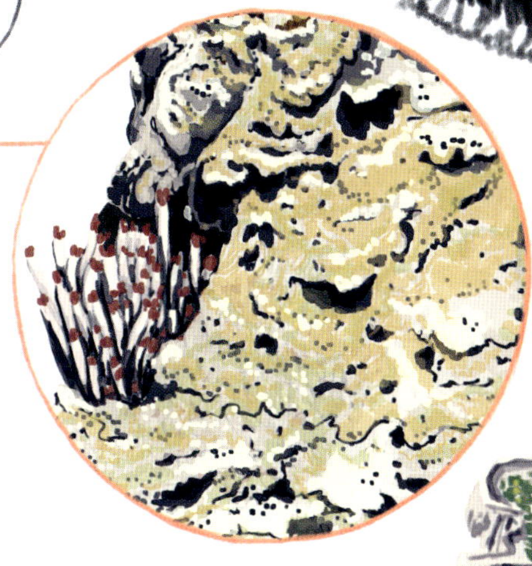

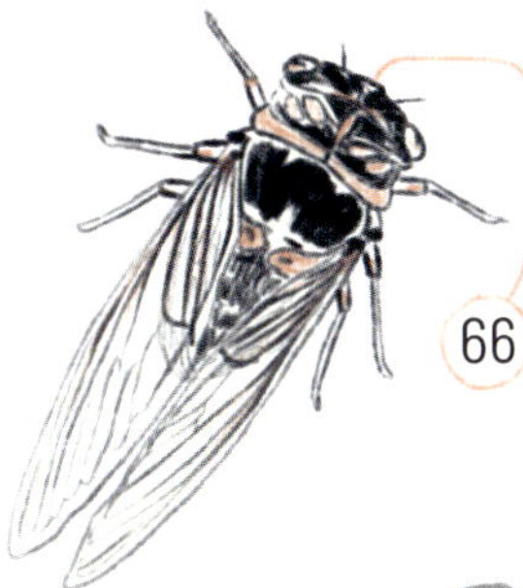

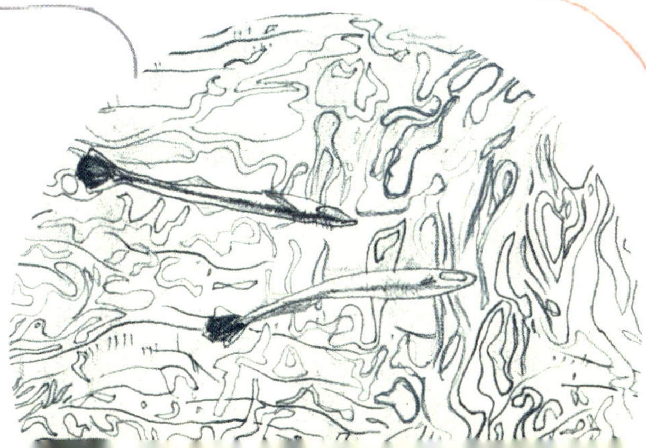

Das vom Land umschlossene Meer

Das Mittelmeer ist umgeben von Landmassen und hat eine stolze Küstenlinie von 46.000 km. Die Küsten liegen weit genug auseinander, um Raum für unterschiedliche Kulturen und Entwicklungen zu bieten. Gleichzeitig sind sie nahe genug beieinander, um seit jeher regelmäßige Kontakte zwischen den Menschen zu ermöglichen. Auf der Karte sind alle in diesem Buch erwähnten Orte eingezeichnet – und noch ein paar mehr.

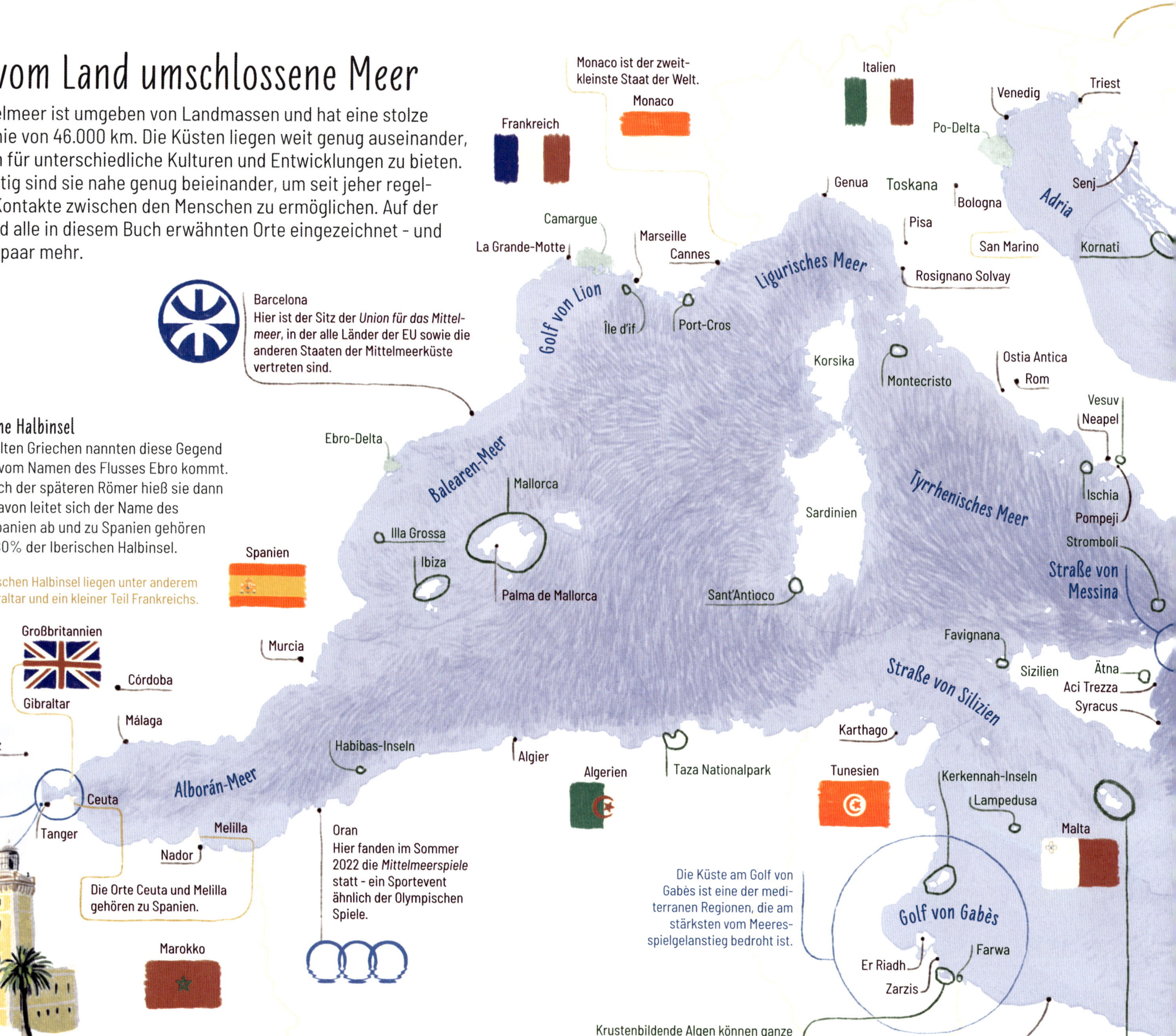

Monaco ist der zweitkleinste Staat der Welt.

Barcelona
Hier ist der Sitz der *Union für das Mittelmeer*, in der alle Länder der EU sowie die anderen Staaten der Mittelmeerküste vertreten sind.

Die Iberische Halbinsel

Schon die alten Griechen nannten diese Gegend *Iberia*, was vom Namen des Flusses Ebro kommt. Im Lateinisch der späteren Römer hieß sie dann *Hispania*. Davon leitet sich der Name des heutigen Spanien ab und zu Spanien gehören auch über 80% der Iberischen Halbinsel.

Auf der Iberischen Halbinsel liegen unter anderem Spanien, Gibraltar und ein kleiner Teil Frankreichs.

Die Orte Ceuta und Melilla gehören zu Spanien.

Oran
Hier fanden im Sommer 2022 die *Mittelmeerspiele* statt – ein Sportevent ähnlich der Olympischen Spiele.

Die Küste am Golf von Gabès ist eine der mediterranen Regionen, die am stärksten vom Meeresspiegelanstieg bedroht ist.

Der Leuchtturm am Cap Spartel markiert die imaginäre Linie, den Längengrad, ab dem der große blaue Ozean nicht mehr Atlantik heißt, sondern Mittelmeer. Hier, an der Straße von Gibraltar, die an der engsten Stelle nur 14 km breit ist, beginnt das Mittelmeer.

Krustenbildende Algen können ganze Riffe bauen. Das im tunesischen Bahiret el Bibane gelegene Riff aus Rotalgen ist ca. 14 km lang und damit das größte seiner Art im Mittelmeer.

Tripolis
Ihren ersten Krieg gegen eine ausländische Macht führten die frisch vereinten USA 1802 gegen den dortigen Korsarenherrscher. Und sie siegten.

Die Länder des Maghreb sind Marokko, Algerien, Tunesien und Libyen.

Der Maghreb

Die Länder des Maghreb werden auch „Berberstaaten" genannt. Diese Bezeichnung wird aber eher abwertend verstanden, denn *Berber* leitet sich aus dem Altgriechischen ab und bedeutet „Wilde". Die verschiedenen angestammten Volksgruppen des Maghreb nennen sich selbst *Imazighen* – „Freie". Ihre Sprache heißt Tamazight und ist in einigen Mahgrebstaaten Amtssprache neben Arabisch. In Marokko bilden Imazighen sogar die Bevölkerungsmehrheit.

Im 2. Weltkrieg wurde Malta schwer bombardiert. Etwa 3.000 Luftangriffe brachten Zerstörung und Tod über die Insel, doch die Bevölkerung widerstand monatelanger Not. Dafür verlieh ihnen der britische König Georg VI das Georgskreuz, das seitdem die maltesische Flagge ziert.

Südosteuropa

Weil der Begriff „Balkan“ zuweilen negativ aufgenommen werden kann, werden die Länder der Region wertfrei als *Südosteuropa* zusammengefasst.

Zu den Ländern Südosteuropas gehören Kroatien, Slowenien, Bosnien und Herzegowina, Montenegro, Albanien und Griechenland.

2.510.000 km²

ist das Mittelmeer groß. Das sind nur 0,7 % der weltweiten Meeresoberfläche.

Das Meer

Das Mittelmeer ist ein wichtiger Wasserweg: Ein Drittel der weltweiten Handelsschiffe fährt über das Mittelmeer. Davon finden über die Hälfte der Fahrten zwischen den Ländern des Mittelmeerraumes statt. So unterschiedlich die Menschen an den Küsten des Mittelmeers auch leben mögen, sie alle sind von Umweltverschmutzung und den Veränderungen des Meeres betroffen, die die Klimaerwärmung mit sich bringt.

521 Millionen Menschen

bevölkerten im Jahr 2020 die mediterranen Länder. Davon lebte mehr als ein Drittel an den Küsten.

Das Land

Das Mittelmeer ist von drei Kontinenten umgeben: Afrika, Asien und Europa. Die Küstenlinie teilen sich 24 Staaten - Nordzypern und die Palästinensischen Autonomiegebiete mit eingeschlossen. Unter ihnen ist auch Großbritannien: Gibraltar bei Spanien sowie Akrotiri und Dhekelia auf Zypern sind britische Überseegebiete mit Militärbasen. Besonders dicht besiedelt sind die westliche Adria, die Maschrek-Küste und das Nildelta.

Die Türkei ist ein Land auf zwei Kontinenten: Europa, Asien

Anfang des 20. Jhds. dehnte sich das österreichische Kaiserreich auch an der Adria aus. Hier war dessen südlichster Marinestützpunkt.

Die erste Moschee der Stadt errichteten schon nordafrikanische Seefahrende im 14. Jhd.

Istanbul, früher Konstantinopel
Sie liegt nicht am Mittelmeer, sondern am Marmarameer. Nichtsdestotrotz ist die Metropole eng in die Geschichte des mediterranen Raums eingewebt.

Die beiden Leuchttürme verweisen auf die Stelle, an der das Mittelmeer aufhört und das Marmarameer anfängt.

İzmir
Das einstige Smyrna wurde 1922 in Brand gesteckt, über 700.000 Bewohnende vertrieben und als neue Stadt, İzmir, wieder aufgebaut.

Über **6.100.000** Menschen leben in Alexandria, der größten Stadt der Mittelmeerküste.

Der Leuchtturm in Port Said steht an der Einfahrt des Suezkanals.

Zu den Ländern des Maschrek gehören Ägypten, Libanon, Syrien und die Palästinensischen Autonomiegebiete Gaza und Westjordanland.

Der Maschrek

Dieses Gebiet wird oft „Naher Osten“ genannt. Die Bezeichnung stammt aus Großbritannien, als das Empire auf der ganzen Welt Kolonien und Protektorate hatte. *Maschrek* hingegen ist ein arabischer Name.

Phoenicoparrus roseus
Eine Kolonie von über 10.000 Rosaflamingos lebt im Delta des Po.

Ephoron virgo
Das Uferaas verbringt die meiste Zeit seines Lebens als Larve im Süßwasser. Nur für die Fortpflanzung kommt es an Land, häutet sich zum flugfähigen Tier und schwärmt in Massen über dem Wasser. Danach, ca. 1 h später, stirbt es.

Ceryle rudis
Der Graufischer lebt in den Feuchtgebieten Afrikas und Asiens.

Süß und salzig

Nicht mehr Fluss und noch nicht Meer – dort, wo sich ein Fluss weit verzweigt und das flache Land überschwemmt, entsteht ein Delta. An diesen ganz besonderen Küstenorten vermischen sich süßes Flusswasser und salziges Meerwasser.

Um die
70.000 m³
Wasser strömen pro Sekunde vom Atlantik herein. Damit ist die Straße von Gibraltar die wahre Lebensader des Mittelmeers.

Hyla meridionalis
Mittelmeer-Laubfrosch

Alosa fallax
Die Finte lebt im Meer, kommt zum Laichen aber in die Flussmündungen.

Wie kommt der Sand an den Strand?

Felsbrocken werden auf ihrem langen Weg in den Flüssen in immer kleinere Teile geschliffen. Kommen sie im Delta oder am Strand an, sind aus den Felsen kleine Sandkörner geworden. Da aber immer mehr Flüsse aufgestaut werden, bleibt mitgeschwemmter Sand in den Stauseen zurück.

Ohne neuen Sand werden die Deltas von den Wellen abgetragen. Salzwasser dringt ein und macht Felder und Grundwasser unbrauchbar.

Die Küste wird zusehends verbaut. Auf einstigen Sanddünen stehen jetzt Häuser. Die Folge ist, dass Sand knapp wird. Hinzu kommen heftige Winterstürme, die Mengen an Sand hinaus ins Meer wehen.

Hafenanlagen, Molen und Wellenbrecher verhindern, dass über den Sommer der Sand zurück an die Küste geschwemmt wird. Er bleibt draußen am Meeresboden. Mittlerweile werden viele Badestrände künstlich aufgeschüttet, was aufwendig und teuer ist. In Barcelona kostet die jährliche Erneuerung des städtischen Strandes rund 1 Mio. Euro.

Etwa
10.000 m^3
Wasser pro Sekunde bringen die Flüsse im Schnitt zusammen ins Mittelmeer.

Das Nildelta ist rund 24.000 km^2 groß. Langsam wird es vom Meer abgetragen und immer kleiner: Über 30 Staudämme entlang des Nils halten die Sedimente auf, die es zum Erhalt bräuchte.

Kostbares Nass

Der möglicherweise längste Fluss der Welt, der Nil, fächert sich zum größten Delta am Mittelmeer auf. Und er bringt Mengen an Wasser. Alle Flüsse zusammen spülen etwa 10.000 m^3 Wasser pro Sekunde ins Mittelmeer. Je nach Jahreszeit und Wetter kann es auch mehr oder weniger sein. Das reicht zwar nicht, um das Mittelmeerbecken zu füllen, aber die Flüsse bilden wichtige Feuchtgebiete an der Küste. Dort leben zahlreiche Tiere, es werden Muscheln, Büffel oder Pferde gezüchtet und Reis angebaut. Die weitläufigen Schwemmgebiete sind auch Puffer bei Sturmfluten und Trockenheit. Dort versickert das frische Nass langsam und füllt die Grundwasserspeicher nach, aus denen das Trinkwasser stammt. Gerade in regenarmen Gegenden sind die Deltas ein Segen.

Ca. **38 g Salz**
enthält ein Liter Mittelmeerwasser. Der Atlantik hat pro Liter etwa 35 g Salz.

Wie kommt das Salz ins Meer?

Regen und Flüsse waschen das Salz aus den Landmassen und spülen es ins Meer. Aus dem Meer verdunstet kontinuierlich Wasser, aber das Salz bleibt zurück. Daher ist das Meer salzig. Das Mittelmeer ist sogar noch etwas salziger als die anderen Weltmeere, da an heißen Tagen wesentlich mehr Wasser verdunstet, als durch die Flüsse und die Straße von Gibraltar nachfließen kann. Trotzdem steigt der Salzgehalt über die Zeit nicht. Denn ungefähr die gleiche Menge Salz, die in das Meer gespült wird, lagert sich auch wieder am Meeresboden ab.

Die Salzblumen aus der Camargue

Die Deltalandschaft der Rhône heißt Camargue und ist berühmt für ihre zarten Salzflocken – *fleur de sel*. Sie werden in großen, flachen Becken produziert, in denen Meerwasser verdunstet, bis das Salz zurückbleibt. In dieser Salzlake lebt kaum etwas, außer die einzellige Alge *Dunaliella salina*. Sie kommt so massenhaft vor, dass sie das Wasser in den Becken rot färbt.

Oryza sativa
Eines der wichtigsten Reisanbaugebiete Spaniens ist das Ebrodelta: Die Pflanze gedeiht auf gefluteten Feldern mit langsam fließendem Wasser.

Berge aus Salz in der Camargue.

Venezia – La Serenissima

In einer Zeit, in der sich mehrere Herrschende misstrauisch gegenüberstanden, wusste eine kleine Lagunenstadt ihre Lage geschickt zu nutzen: Venedig war das Bindeglied zwischen den Reichen. Das führte zu großer Bedeutung, Macht und Reichtum. Den Ehrentitel *La Serenissima* – „Durchlauchtigste" erhielt die Stadt von Byzanz.

Ab dem **7. Jhd.**

war Venedig Teil des Reiches von Byzanz, aber ihre Bischöfe folgten der lateinischen Kirche in Rom. Die venezianischen Geschäftsleute handelten mit Byzanz, dem Frankenreich und dem von beiden Seiten gemiedenen Abbasidenkalifat.

Am nördlichen Ende der Adria münden etliche Flüsse ins Meer. Deren angeschwemmte Sedimente lagern sich ab und bilden eine ruhige Lagune: Sandbänke schützen vor den Wellen des offenen Meeres und seichtes Marschland beruhigt das einströmende Wasser.

In dieses Schwemmland, in dem man weder mit Pferden reiten noch einfach mit Segelschiffen fahren kann, zogen sich Menschen zurück, die Schutz vor den Kriegen ihrer Zeit suchten. Um 800 n. Chr. entstand daraus Venedig: eine politisch immer freier werdende Handelsstadt.

Campanile
Seit dem 9. Jhd steht der Wachturm, der den Seefahrenden auch als Wegweiser diente. Er war Vorbild für viele Türme entlang der östlichen Adria, damals ein Zeichen der venezianischen Herrschaft.

Biblioteca Nazionale Marciana
Die Bibliothek beherbergt eine beachtliche Sammlung arabischer, lateinischer und griechischer Handschriften.

Dem Untergang geweiht?

Venedig ist eine Stadt auf Holzpfählen gebaut und von Wasser umspült. Heute ist die fragile Bauweise bedroht: Die Wellen von Motorbooten, vertiefte Fahrrinnen für Frachtschiffe, der Bau des nahen Flughafens, die Ausweitung der Industriegebiete und ein zu hoher Grundwasserverbrauch verändern die Lagune. Marschland und Schlammbänke, die zuvor die Gezeiten beruhigt hatten, fehlen nun. Das strömende Wasser spült den Mörtel aus den Fugen, die Mauern von Venedig bröckeln. Im vergangenen Jahrhundert ist die Stadt um 15 cm abgesunken. Durch die menschengemachte Klimaerwärmung steigt der Meeresspiegel, was zum Untergang Venedigs führen kann. Um die Lagunenstadt zu bewahren, gibt es etliche Möglichkeiten. Wird es die Weltgemeinschaft schaffen, sie zu retten?

Mehr als **60%**

der Häuser am Canale Grande sind beschädigt durch die von Motorbooten verursachten Wellen.

Acqua alta
Hochwasser ist nichts Ungewöhnliches in einer Stadt, die im Schnitt 1 m über dem Meeresspiegel liegt. Im zeitigen Frühjahr, wenn die Flüsse viel Schmelzwasser aus den Bergen bringen, Gezeiten und Wind aus Südosten zusammenkommen, flutet das Wasser den Markusplatz. Normalerweise bleiben 90% der Stadt trocken.

Ein Fest für Touristen

Die Lagunenstadt ist für ihren Karneval berühmt. Das Fest aus dem 12. Jhd. war schon fast vergessen, bis es für den Tourismus 1979 wiederbelebt wurde. Seitdem wird es als venezianischer Höhepunkt des Jahres vermarktet. 2022 waren rund 80.000 Besuchende zum Karneval vor Ort.

Der geflügelte Löwe
Er ist das Symbol des heiligen Markus. Mit dem Raub der Gebeine wurde der geflügelte Löwe auch zum Symbol und wichtigsten Schutzpatron Venedigs.

Basilica di San Marco
Die Gebeine des heiligen Markus wurden in einer eigens errichteten Kapelle untergebracht. Später erfolgte der Ausbau zur Basilika, die aber über 800 Jahre lang nur dem Dogen vorbehalten war.

San Marco

Der heilige Markus war der erste Bischof von Alexandria, der zweitgrößten Stadt der Antike. Zudem war er einer der vier Evangelisten, also sehr bedeutend für die Christenheit. Markus starb 68 n. Chr. in Alexandria. Mit Venedig hatte er nie etwas zu tun. Die Lagunenstadt wollte aber nicht nur ein wirtschaftliches Zentrum sein, sondern auch ein religiöses. Daher stahlen venezianische Kaufleute im Jahr 828/829 die Gebeine des heiligen Markus. Sie versteckten die Knochen unter Schweinefleisch, das die muslimischen Zollbeamten mieden. Der Diebstahl gelang und die Venezianer sahen dies als sicheres Zeichen dafür, dass der heilige Markus die Entwendung seiner Überreste gut hieß. Venedig wurde zu einer der wichtigsten Pilgerstätten des mittelalterlichen Europa.

Quadriga marciana
Die Bronzepferde sollen schon auf einem Triumphbogen in Rom gestanden haben, so die Legende. Um 330 kamen sie nach Konstantinopel, von wo sie 1204 geraubt wurden: Während eines Kreuzzugs holten die Venezianer die Pferde in ihre Stadt und schmückten damit die Basilica.

Palazzo Ducale
Der Palast war das Regierungs- und Justizgebäude der mächtigen Stadtrepublik. Ihr gewähltes Oberhaupt, der Doge, wohnte ebenfalls dort. 1797 siegte der französische Napoleon Bonaparte über Venedig, die Unabhängigkeit war verloren. Um das zu versinnbildlichen, ließ Napoleon alle Löwen entfernen. Die Quadriga nahm er nach Paris. 19 Jahre später wurden die Pferde vom österreichischen Kaiser zurückgegeben. Aber unabhängig wurde Venedig nicht mehr.

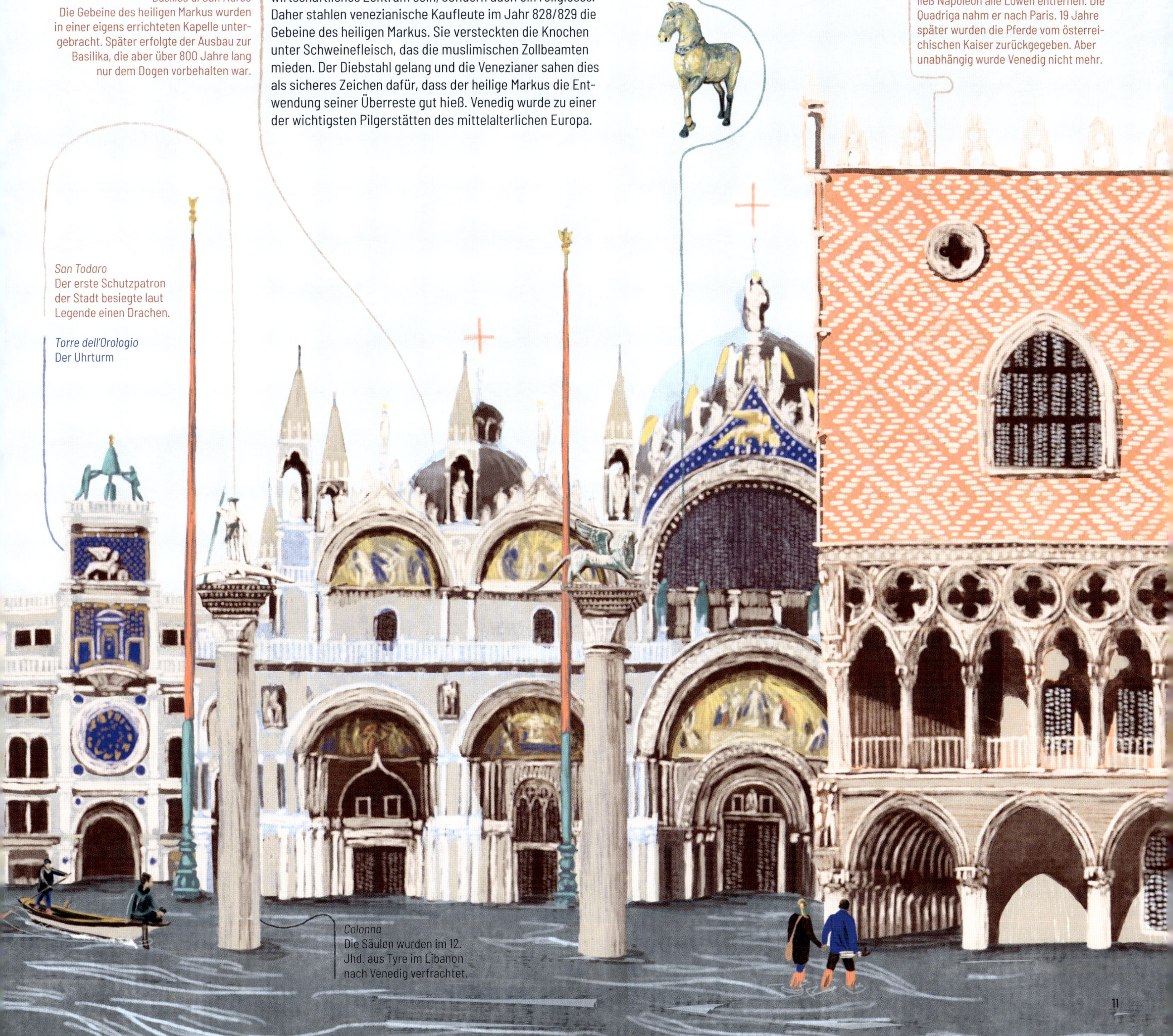

Sehnsucht nach Süden

Sonne, Strand, bunte Sommerkleidung, gutes Essen und Kultur - das Mittelmeer ist ein Traumziel. Tatsächlich wird keine andere Region der Welt von so vielen Menschen besucht. Großen Einfluss hat der Tourismus nicht nur auf die wirtschaftliche Entwicklung der mediterranen Länder, sondern auch auf die Umwelt und Kultur.

Rund **30%** aller Touristen weltweit reisen ans Mittelmeer.

Die Côte d'Azur ist der meistbesuchte Küstenstreifen der Welt. Damals wie heute wird mit ihrer Idylle geworben.

Die azurblaue Küste

Es wird erzählt, ein britischer Lord - unterwegs auf einer Bildungsreise nach Rom - fand Gefallen an dem kleinen Fischerort Cannes. Von da an verbrachte er dort regelmäßig seine Ferien und war Mitte des 19. Jhd. wohl der erste reiche Urlauber der Gegend. Der Lord brachte seine Freunde mit und der Küstenstreifen gewann schnell an Beliebtheit. Hotels und Casinos wurden gebaut und wenige Jahre später hatte sich die französische Riviera gewandelt zur Küste der Reichen. Den Namen „Côte d'Azur" bekam der Küstenabschnitt Anfang des 20. Jhd. von einem Dichter. Und bis heute ist hier der Tummelplatz der gehobenen Klasse.

Mitte des 20. Jhds. war Tanger in Marokko der beliebteste Urlaubsort der Andersdenkenden und Kunstschaffenden. Sie verachteten die gehobene Gesellschaft an der Côte d'Azur und genossen die Freiheiten der internationalen Zone, die Tanger damals war.

Die Trendsetterin

Als die Côte d'Azur zu ihrem Namen kam, prägte eine begabte Frau aus einfachen Verhältnissen die Modewelt. Coco Chanel entwarf kurze Kleider, Matrosenshirts und Seemannshosen für Damen, die sich damals noch in Korsett, Rüschen und langen Röcken kleideten. Während einer Kreuzfahrt an der Côte d'Azur beschloss Coco, gebräunte Haut zu einem Modeaccessoire zu machen. Dieser Trend hält sich - trotz der gesundheitsschädlichen Wirkung starker Sonnenstrahlen.

La Grande-Motte ist eine Tourismusstadt. Sie wurde gebaut, um der französischen Mittelschicht Urlaub im eigenen Land zu ermöglichen. Die aus dem Sumpf gestampfte und durchgeplante Stadt wurde zuerst verspottet als Größenwahn aus Beton. Mittlerweile ist sie eine Ikone der Architektur und mit 70% Grünfläche eine der grünsten Städte Frankreichs.

Spanien wurde von 1939 - 1975 vom Diktator Francisco Franco regiert. Für die Bevölkerung waren die Diktatur und der vorangegangene Bürgerkrieg eine leidvolle Zeit. Menschen, die sich dagegen wehrten, wurden verfolgt, getötet und in versteckten Massengräbern verscharrt. Noch immer gelten fast 100.000 Menschen als vermisst.

Massentourismus

Spanien ist nach Frankreich das beliebteste Urlaubsland am Mittelmeer. Diese Entwicklung geht zurück auf die Zeit, als der Diktator Francisco Franco herrschte. Der durch Franco vorangetriebene Bau von Hotels, Restaurants, Strandpromenaden und die vielen Touristen brachten dem Land einen wirtschaftlichen Aufschwung. Etliche Menschen aus Nordeuropa zogen um nach Spanien, um sich im Alter ein schönes Leben zu machen. Es entstanden ganz neue Städte. Auf der spanischen Insel Mallorca leben sogar so viele deutsche Ausgewanderte, dass sie eine eigene politische Partei gründeten.

Viele Menschen verbrauchen viel

Egal, ob Menschen nur für eine Woche oder den Rest ihres Lebens bleiben - sie brauchen eine Unterkunft, Wasser, Lebensmittel und Unterhaltung. In der Folge wird Trinkwasser knapp, die Küsten sind verbaut, die Strände werden weggespült und die Luft verschmutzt. Für die Natur und die hiesige Bevölkerung kann dieser Wandel eine große Belastung sein.

Bis zu **40% mehr Müll** entsteht in der Hauptsaison in den Urlaubsländern.

16.000

Besuchende hatte der Parthenon täglich über das Jahr 2022 gerechnet.

Ikonische Kulturstätten

Europas kulturelle Identität hat sich im Mittelmeerraum geformt und entwickelt. Viele Relikte vergangener Zeiten zählen zu den Klassikern der Kunst, bewundert von Besuchenden aus aller Welt. Dazu zählt auch der Parthenon, ein fast 2500 Jahre alter Tempel in Athen. Er hat Kriege und Plünderungen überdauert, Brände, Erdbeben und Explosionen. Der Tempel der griechischen Göttin Athene wurde zeitweise als Kirche, Moschee und Munitionslager genutzt. Heute werden der Parthenon und umliegende Gebäude auf der Akropolis behutsam restauriert. Doch etwa die Hälfte der erhalten gebliebenen Marmorskulpturen fehlt. Der britische Botschafter Elgin nahm sie 1801 unerlaubt mit nach England. Bis heute sind die marmornen Kunstwerke im Britischen Museum in London ausgestellt.

Kreuz und quer übers Mittelmeer

Kreuzfahrtschiffe sind schwimmende Städte mit Pool, Kino und Restaurants. Während die Passagiere den Luxus an Bord genießen, werden sie zu verschiedenen Städten gefahren, die sie sich für einen Tag lang ansehen können. Was für die Schiffsgäste praktisch klingt, ist für die Städte überfordernd. In Dubrovnik machten zeitweise so viele Kreuzfahrtschiffe an, dass Verkehrspolizisten die Touristenmassen durch die eng bebaute Altstadt regulieren mussten.

Etwa 1,9 t CO_2

verursacht eine 7-tägige Mittelmeerkreuzfahrt. So viel verursacht nicht einmal eine durchschnittliche Person in Deutschland mit Auto, Bus und Bahn in einem Jahr! Fliegen und Kreuzfahrten sind die schädlichsten Reisearten.

Ab in die Luft

Massentourismus geht nicht ohne Flugzeuge. Sie machen das Reisen bequem und schnell. Vorreiter im Flugtourismus waren britische Unternehmen. Sie nutzten die damals neu entwickelten Flugzeugtechnologien des 2. Weltkriegs und bauten angenehme Passagierflugzeuge. In den 1950ern entstand die erste regelmäßige Flugverbindung zwischen England und Mallorca, das erste Ziel des intensiven Flugtourismus. Bis heute ist der Flughafen von Palma de Mallorca einer der verkehrsreichsten Europas - zumindest im Sommer.

Fast 10 Millionen

Menschen machten 2022 Urlaub auf Mallorca.

Kreuzfahrtschiffe brauchen extrem viel Treibstoff. Selbst in den Häfen bleiben die Schiffsmotoren meist an. Das führt zu gefährlich hoher Luftverschmutzung in den angelaufenen Städten.

Mit Meerblick

Phasenweise von den Gezeiten umspült und wieder verlassen, mit den salzigen Tropfen der Gischt besprenkelt, durch den Wind verblasen und von der Sonne gegerbt: In unmittelbarer Nähe zum Meer leben hart gesottene Spezialisten.

Pistacia lentiscus
Der Mastixstrauch wächst überall am Mittelmeer, produziert aber nur an wenigen Orten sein besonderes Harz, wie auf der griechischen Insel Chios. Getrocknet heißt das Harz Mastix. Es wurde schon vor über 2500 Jahren geerntet und verwendet: Als erster Kaugummi der Welt, Klebstoff, Lack, Heilmittel und Gewürz.

trocknen

Pinus pinaster
See-Kiefer

Urginea maritima
Die Meerzwiebel wächst im Rhythmus des mediterranen Klimas: Im regnerischen Winter treibt sie Blätter und speichert Energie in ihrer Zwiebel. Während der ersten heißen Wochen im späten Frühling vertrocknet das Grün und die Pflanze überdauert den Sommer als kahle Zwiebel, bis sie in der trockensten Zeit im Spätsommer ihre Blüten treibt.

Caretta caretta
Die Unechte Karettschildkröte kehrt im frühen Sommer an den Strand ihrer Geburt zurück, um dort ihre Eier im Sand zu vergraben, vor allem am östlichen Meer. Vielerorts werden die Gelege geschützt, denn treten Menschen auf das Nest, zerbrechen die Eier.

Carpobrotus edulis
Die Mittagsblume stammt aus Südafrika und ist am Mittelmeer invasiv. Sie formt dichte Matten und verdrängt andere Pflanzen.

Plantago coronopus
Krähenfuß-Wegerich

Trogonophis wiegmanni
Die Schachbrett-Doppelschleiche aus Nordafrika ist eine beinlose Eidechse.

Im Sandboden vor der Küste leben etliche Schalentiere. Nach ihrem Tod werden die Kalkgehäuse an den Strand gespült.

Wo der Mond ist, ist Flut.

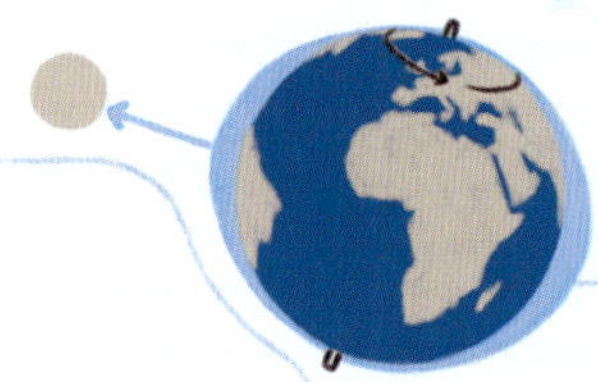

Auf der gegenüberliegenden Seite gibt es ebenfalls Flut. Sie entsteht durch die Drehung der Erde.

Ebbe und Flut

Über den Tagesverlauf ändert sich der Wasserstand des Meeres: Was bei Flut unter Wasser liegt, wird bei Ebbe freigelegt. Diese Schwankungen, die Gezeiten, werden hauptsächlich vom Mond verursacht. Durch seine Gravitationskraft zieht er das Wasser an.

Venedig - Italien

Triest - Italien
15 cm Gezeitenunterschied

Straße von Sizilien

Straße von Gibraltar

Nador - Marokko
Über 40 cm Gezeitenunterschied

Je nach Region schwankt der Meeresspiegel unterschiedlich stark.

Nur durch Windkraft

Meerengen und unterseeische Schwellen bremsen den Fluss der Gezeiten. Mancherorts wirkt deshalb der Wind stärker. Dauerhafter Wind aus Süden kann beispielsweise in der Lagune von Venedig den Wasserstand um über 1 m erhöhen.

Blüten
Arbutus unedo
Die Früchte des Erdbeerbaumes haben geschmacklich nichts mit Erdbeeren zu tun. Bis zur Reife kann es mitunter 1 Jahr dauern. So finden sich Früchte und Blüten zur gleichen Zeit an den Zweigen.
Chamaerops humilis
Die Zwergpalme ist eine von zwei heimischen Palmenarten. Sie kommt bis zu einem halben Jahr ohne Regen aus.
Podarcis Pityusensis
Pityusen-Eidechse
Crithmum maritimum
Der Meerfenchel speichert Wasser in den Blättern.
Opuntia ficus-indica
Der Feigenkaktus stammt aus Mittelamerika. Seit über 500 Jahren breitet er sich im Mittelmeerraum aus, vor allem in Nordafrika und auf den Inseln.
Chthamalus stellatus
Seepocke
Patella ferruginea
Die Gerippte Napfschnecke frisst nachts, bei Flut, Algen von den Felsen. Vor der Ebbe kehrt sie immer an die gleiche Mulde im Fels zurück, die sie sich perfekt passend für ihre Größe zurechtgewetzt hat. Sinkt das Wasser, ist sie darin geschützt vor Hitze und Räubern.
Lithophyllum byssoides
Kalkkrusten bildende Rotalge
Flut
Ebbe
Actinia equina
Die Pferdeaktinie kann bei Ebbe stundenlang auf dem Trockenen liegen. Dafür zieht sie ihre Tentakel ein.

Das Meer des Mülls

Sind Müll und Schadstoffe einmal im Mittelmeer gelandet, bleiben sie meist dort, denn der Wasseraustausch mit dem Atlantik ist begrenzt und die Reinigung des Meeres sehr aufwendig. Daher gehört das Mittelmeer zu den am schlimmsten verschmutzten Meeren der Welt.

Wie kommt der Müll ins Mittelmeer?

Die Abfälle der Küstenbewohnenden werden nicht immer gründlich entsorgt.

Durch den Reifenabrieb entsteht Mikroplastik.

Der Nil gehört zu den 10 am schlimmsten verschmutzen Flüssen der Welt. Dementsprechend viel spült er ins Mittelmeer.

Flüsse bringen sogar Schmutz tief aus dem Inland mit.

Wind und Regen tragen Verschmutzungen mit.

Geschätzte

229.000 t

Plastikmüll landen pro Jahr im Mittelmeer. Das entspricht 500 Containerladungen täglich.

Pflanzenschutzmittel und Dünger der Landwirtschaft sickern ein.

Substanzen der Industrie werden ins Meer geleitet.

Über Schiffe kommt Schweröl ins Meer.

Kläranlagen können kleine Plastikartikel, Medikamentenrückstände und Chemie der Landwirtschaft und Industrie nicht vollständig aus den Abwässern filtern.

Plastikmüll

Wie viel Plastik genau im Mittelmeer ist, lässt sich nur schwer messen. Laut IUCN waren es im Jahr 2020 ca. 1.178.000 t.

Überall im Meer ist Plastikmüll. Besonders auffällig treibt er in ruhigen Hafenbecken, wo er sich sammelt. Dabei ist das nur ein kleiner Teil. Der Großteil des Plastikmülls, bis zu 99%, liegt am Meeresboden. Dort landen Fischernetze, Verpackungen und alte Strandmöbel genauso wie winzig kleine Plastikpartikel, genannt Mikroplastik. Diese Teilchen finden sich überall: im Sand der Strände, an der Meeresoberfläche und in allen Wasserschichten bis zum tiefsten Grund des Meeres.

Wie kommt Plastik auf unseren Teller?

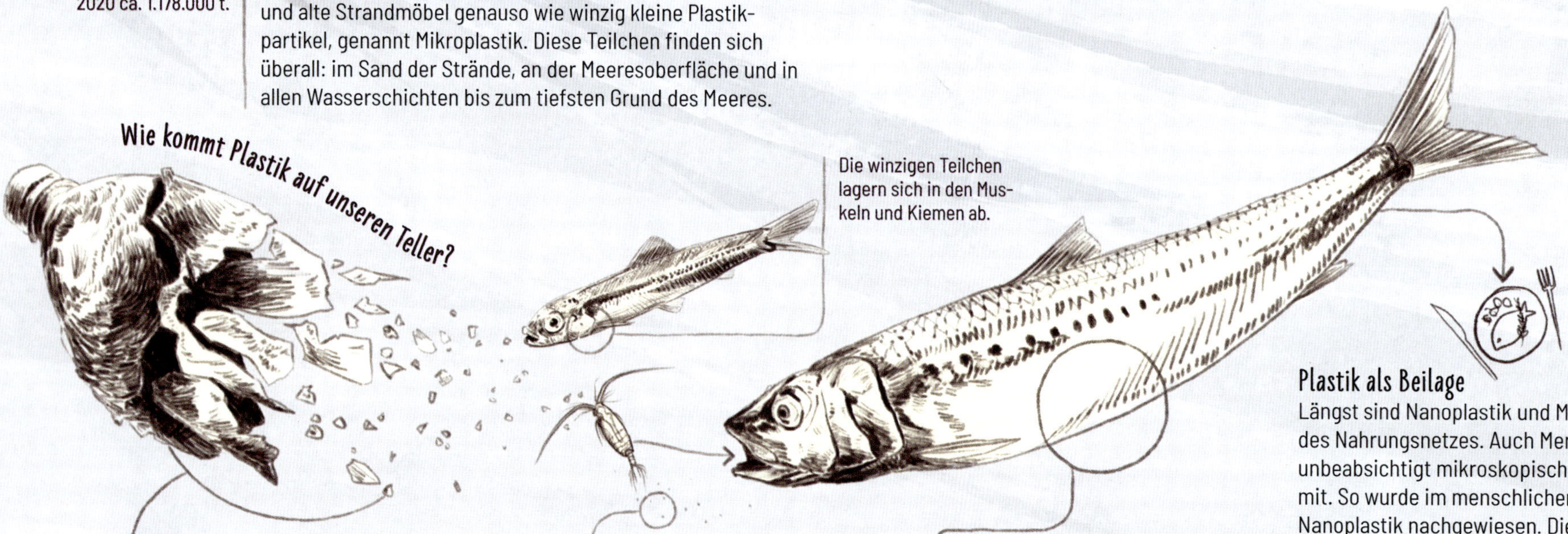

Die winzigen Teilchen lagern sich in den Muskeln und Kiemen ab.

Starke Sonneneinstrahlung, Wellenbewegungen und Salzwasser schaden dem Plastik. Es wird brüchig und zerfällt in immer kleinere Stückchen: Mikroplastik. Mikroskopische Plastikteilchen sind auch zum Beispiel in einigen Waschmitteln und Sonnencremes enthalten.

Manche Tiere können Mikroplastik fressen und verdauen, wodurch es noch kleiner wird, zu Nanoplastik. Auch durch Sonne, Wellen und Salzwasser wird Mikroplastik zu Nanoplastik.

Gefährlich an Plastik sind vor allem die darin enthaltenen Chemikalien. Sie beeinflussen Abläufe im Körper, können krank machen und sogar tödlich sein. Frisst ein Tier zu viele Plastikteile, verhungert es mit vollem Magen.

Plastik als Beilage

Längst sind Nanoplastik und Mikropalstik Teil des Nahrungsnetzes. Auch Menschen essen unbeabsichtigt mikroskopische Plastikteilchen mit. So wurde im menschlichen Blut schon Nanoplastik nachgewiesen. Die Teilchen können sich in allen Organen ablagern und gelangen über die Plazenta sogar in den Körper von ungeborenen Babys.

Im Jahr 2050 wird mehr Müll im Mittelmeer sein als Fisch.

Lebensgrundlage

Kaum eine Oberfläche unter Wasser wird nicht von Lebewesen besiedelt. So ist es auch mit Müll. Winzige Algen, die zu Tausenden schleimige Beläge bilden, sind mit die Ersten. Davon leben wiederum Bakterien und Tiere. Mit der Zeit entsteht daraus ein dichter Bewuchs. Dieser ist ein großes Problem für Schiffe: Die Lebewesen siedeln auf dem Schiffsrumpf, der Schiffsschraube und in den Ballastwassertanks, was das Schiff erheblich ausbremst. Daher sind Schiffe mit besonderen Farben bestrichen, die für Organismen giftig sind. Dennoch müssen die Schiffe regelmäßig gereinigt und die Schutzbeschichtungen erneuert werden.

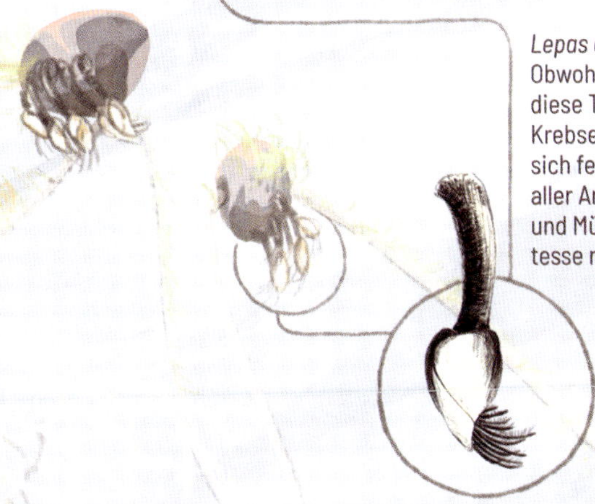

Lepas anatifera
Obwohl sie Entenmuscheln heißen, sind diese Tiere keine Muscheln, sondern Krebse. Ähnlich wie Muscheln setzen sie sich fest auf schwimmenden Objekten aller Art: Treibholz, Schiffsrümpfe, Bojen und Müll. In Spanien sind sie eine Delikatesse namens *Percebes*.

Planes minutus
Die Kolumbuskrabbe ist nach dem Seefahrer Christoph Kolumbus benannt, der die Krabbe auf treibenden Algenbüscheln bemerkte. Zu finden ist sie auch auf unterschiedlichstem Treibgut und sogar bei Meeresschildkröten.

Bleichbrühe

Im italienischen Rosignano Solvay steht die größte Sodafabrik Europas. Ihre Abwässer werden direkt ins Meer geleitet. Die Mischung aus Chemikalien hat über Jahrzehnte den Strand ausgeblichen und lässt das Meerwasser türkis leuchten. Der Strand ist einer der meistbesuchten der Toskana, dabei sind der Sand und das Meer in Rosignano Solvay stark verseucht mit giftigen Schwermetallen.

Bis zu
600 Jahre
braucht ein Fischernetz, um sich zu zersetzen.

Geisternetze

Alte, unbrauchbare Fischernetze werden nur in den wenigsten Fällen richtig entsorgt. Meist landen sie im Meer und treiben mit der Strömung, bleiben an Korallenformationen hängen oder sinken auf den Meaeresboden. Es wurden schon Geisternetze von mehreren 100 m Länge dokumentiert. Darin verfangen sich alle möglichen Tiere: Krabben und Seepferdchen genauso wie Rochen, Delfine und Pottwale.

Fischernetze, ob noch im Einsatz oder nicht, sind die häufigste Todesursache für Meeresschildkröten im Mittelmeer.

Unterwasserwiese

Seegraswiesen zählen zu den wichtigsten Lebensräumen der Welt. Sie tragen zur Lebensmittelversorgung bei, sichern Küsten, reinigen das Wasser, binden CO_2 und beherbergen unzählige Arten. Das Neptungras *Posidonia oceanica* ist im Mittelmeer weit verbreitet und kommt nur hier vor.

Über
100.000 Jahre
alt und ca. 8 km lang ist die Seegraswiese vor Ibiza. Sie ist vielleicht der älteste und größte lebende Organismus der Welt!

Klimaschutz

Wie auch Pflanzen über Wasser, produziert Seegras Sauerstoff und baut CO_2 ab. Eine Seegraswiese kann sogar doppelt so viel CO_2 binden wie eine gleich große Fläche Amazonasregenwald.

Über **400** Pflanzenarten

Mehrere **1000** Tierarten

Artenvielfalt

Die Neptungraswiesen beherbergen eine überbordaende Vielzahl an Lebensformen. Genau wie tropische Regenwälder und Korallenriffe gehören Seegraswiesen zu den produktivsten Ökosystemen der Welt.

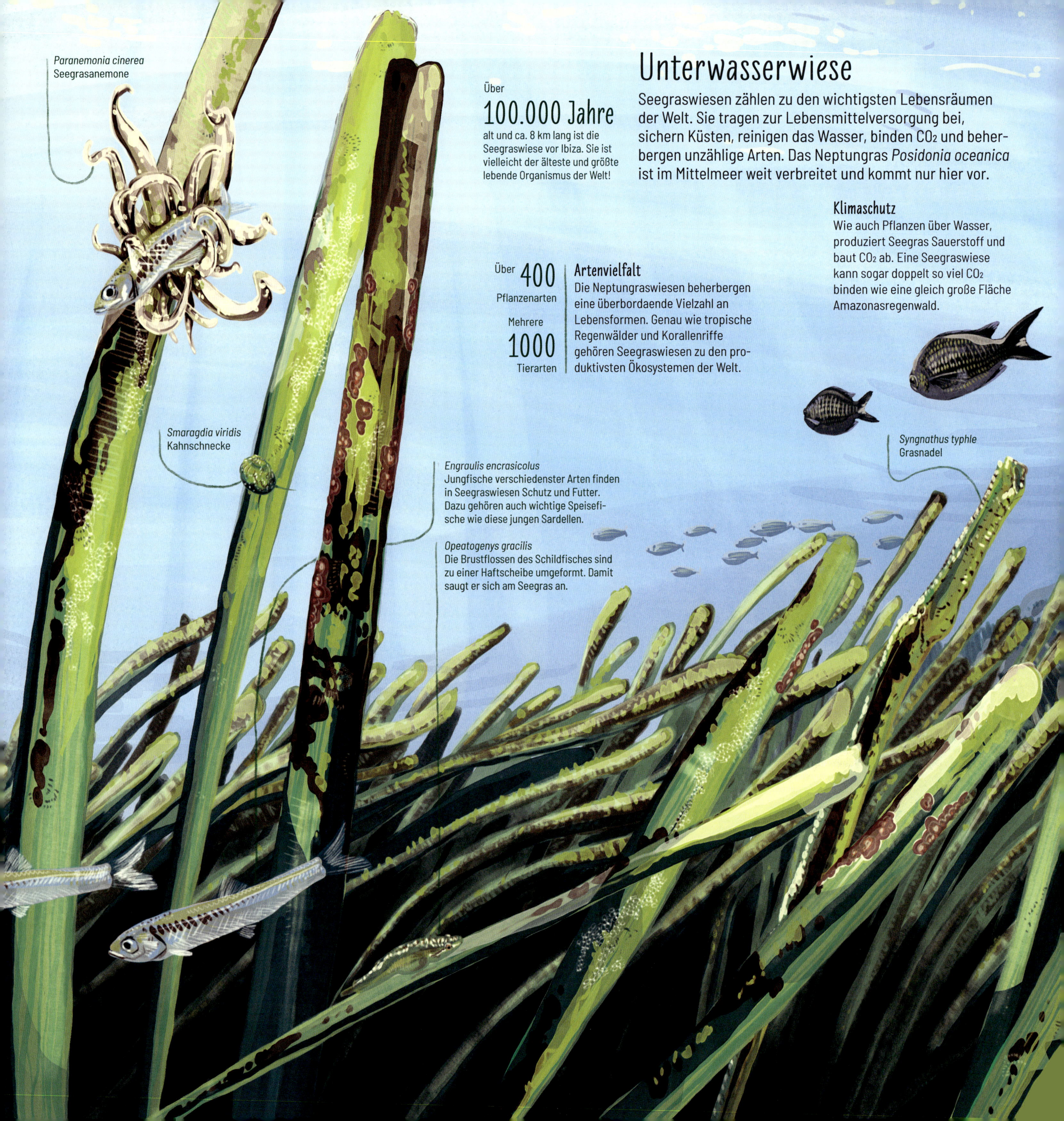

Paranemonia cinerea
Seegrasanemone

Smaragdia viridis
Kahnschnecke

Engraulis encrasicolus
Jungfische verschiedenster Arten finden in Seegraswiesen Schutz und Futter. Dazu gehören auch wichtige Speisefische wie diese jungen Sardellen.

Opeatogenys gracilis
Die Brustflossen des Schildfisches sind zu einer Haftscheibe umgeformt. Damit saugt er sich am Seegras an.

Syngnathus typhle
Grasnadel

Aufsitzer

Lebewesen, die auf anderen Lebewesen wachsen, sind Aufsitzer. Über den Sommer siedeln so viele Aufsitzer auf den Neptungrashalmen, dass die Pflanze kaum mehr Licht bekommt. Sie kann nicht mehr wachsen. Als Anpassung daran wirft das Neptungras im Spätsommer die Blätter ab und treibt über den Herbst und Winter neue aus.

Botryllus schlosseri
Sternseescheide

Corallinacea
Kalkrotalgen

Electra posidoniae
Das Neptungras-Moostierchen kommt nur im Mittelmeer vor, meist auf den Halmen des Neptungrases.

Sepia officinalis
Der Gewöhnliche Tintenfisch hat seine Eier um einen Halm gewickelt. Schlüpfen die Jungen, finden sie Schutz im Seegras.

Serranus scriba
Der Schriftbarsch geht auf die Jagd.

Was sind Neptunbälle und wie entstehen sie?

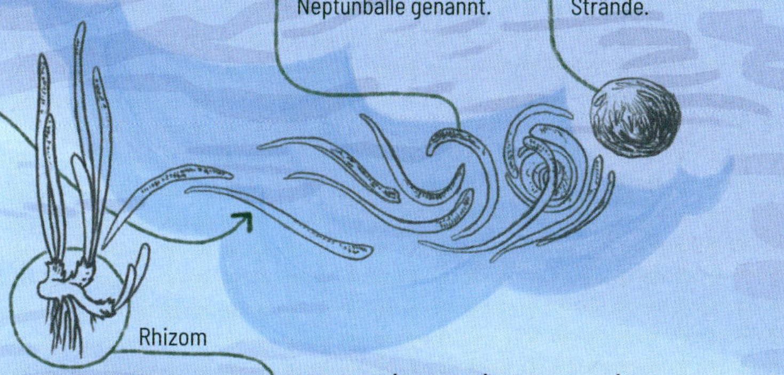

Küstenschutz und Wasserqualität

Seegras bildet Blüten und Früchte, die Seeoliven. Hauptsächlich vermehrt sich Seegras aber über das Rhizom, aus dem neue Triebe wachsen. Eine Seegraswiese ist also meist ein einziger, zusammenhängender Organismus. Zwischen dem verwachsenen Rhizom lagern sich Sedimente ab und über Jahrzehnte entstehen bis zu 3 m hohe Riffe. Sie stabilisieren den Meeresboden und bremsen Wellen. So sorgen Seegraswiesen für klares Wasser und erhalten Sandstrände.

Chromis chromis
Mönchsfisch

Pinna nobilis
Die Edle Steckmuschel ist die größte Muschel des Mittelmeers und kann bis 1,20 m groß werden. Die Steckmuschel braucht Stabilität und wächst im Meeresboden, der vom Seegrasrhizom befestigt wird. Die dichten Halme schützen die Muschel vor Wellen. Verschiedene Tier- und Pflanzenarten leben auf der Muschelschale und bereichern die Artenvielfalt der Seegraswiese.

Paracentrotus lividus
Steinseeigel ernähren sich von Seegras. Steigt die Nährstoffkonzentration im Wasser, beispielsweise durch eine nahe Fischfarm, vermehren sich diese Seeigel rasant. In großer Zahl können sie sogar eine ganze Seegraswiese auffressen.

Holothuria tubulosa
Röhrenseegurke

Rohstoff Alge

Aus den Rotalgenarten der Gattung *Gelidium* lässt sich Agar herstellen, ein Geliermittel. Damit werden Lebensmittel und Kosmetika verdickt. Zudem ist es ein wichtiger Nährboden für Mikroorganismen, die beispielsweise für medizinische Zwecke in der Petrischale gezüchtet werden. Die Rotalgen haben eine große wirtschaftliche Bedeutung. Als Marokko, lange Zeit der Hauptexporteur, die Algenernte in seinen Küstengewässern beschränkte, wurde Agar weltweit knapp.

Nichtschwimmer

Das Meer mit seinen Wellen lädt zum Schwimmen ein. Doch es gibt etliche, die das lieber nicht tun. Denn das, wovon sie leben, finden sie am Boden: abgestorbene Reste. Ähnlich geht es lichtliebenden Organismen: Sie setzen sich fest an einem hellen Plätzchen nahe der Wasseroberfläche.

Ca.
1.200 Arten
von Algen sind allein aus dem östlichen Mittelmeer bekannt.

Fast alles Algen

Algen sind keine Pflanzen, haben aber ähnliche Eigenschaften. Um zu leben und zu wachsen, betreiben sie Fotosynthese. Bei diesem Prozess wird CO_2 abgebaut und es entsteht Sauerstoff, der den Tieren im Meer das Leben ermöglicht. Im Meer wachsen fast ausschließlich Algen, eine Ausnahme ist das Seegras, das zu den Blühpflanzen gehört. Manche Algen sind winzig und bestehen aus einer einzigen Zelle, wohingegen die Makroalgen aussehen wie Pflanzen und einen dichten Bewuchs bilden können. Diese Algenwälder sind gleichermaßen wichtig wie Seegraswiesen. Sie schützen die Küsten, bauen CO_2 ab, beherbergen zahlreiche Lebewesen und Jungtiere.

Ulva lactuca
Grünalge

Haliotis tuberculata
Schnecken wie das Grüne Seeohr säubern die Felsen, indem sie winzige Algen und Detritus abschaben.

Carcinus aestuarii
Die Grüne Mittelmeer-Krabbe frisst hauptsächlich Aas.

Detritus

Alles, was nicht schwimmt, sinkt irgendwann zu Boden. Hauptsächlich sind das abgestorbene Mikroorganismen, aber auch andere tote, sich zersetzende Lebewesen, alte Hüllen von Eiern und Krebstieren und natürlich der Kot sämtlicher Tiere. Mit dem Regen und durch die Flüsse wird zusätzliches organisches Material vom Landesinneren ins Meer geschwemmt, das zu Boden sinkt. Dieses scheinbar unappetitliche Material, genannt Detritus, ist ein gefundenes Fressen für die zahllosen Lebewesen des Meeresbodens.

Die sandsäubernde Seegurke

Auch wenn sie nicht so aussehen, sind Seegurken ziemlich bemerkenswerte Tiere. Tagein, tagaus machen sie kaum etwas anderes als Sand zu fressen. Sie leben aber nicht vom Sand selbst, sondern von dem darin abgelagerten Detritus. Was die Seegurke nach der Verdauung wieder ausscheidet, ist reiner, sauberer Sand. Mit dieser Tätigkeit hält sie den Meeresboden sauber, mindert den Anteil der Nährstoffe und das Wasser bleibt klar. Die Seegurke ist ein bedeutender Bestandteil des Meeres: Denn im klaren, lichtdurchfluteten Wasser gedeihen Makroalgen, Seegras und Korallen. Und diese formen wichtige Lebensräume für zahlreiche Arten.

Am Meeresboden leben massenweise Bakterien. Viele davon zersetzen Detritus, wodurch die enthaltenen Nährstoffe wieder für andere Lebewesen nutzbar werden. Außerdem können Bakterien CO_2 umwandeln in organischen Kohlenstoff. Dieser lagert sich im Meeresboden ab, dem größten Kohlenstoffspeicher der Welt.

Cladocora caespitosa
Die Rasenkoralle ist eine der wenigen Korallenarten des Mittelmeeres, die richtige Korallenbänke formt. Sie kann über 300 Jahre alt werden und wächst sehr langsam, im Schnitt 2,5 mm pro Jahr.

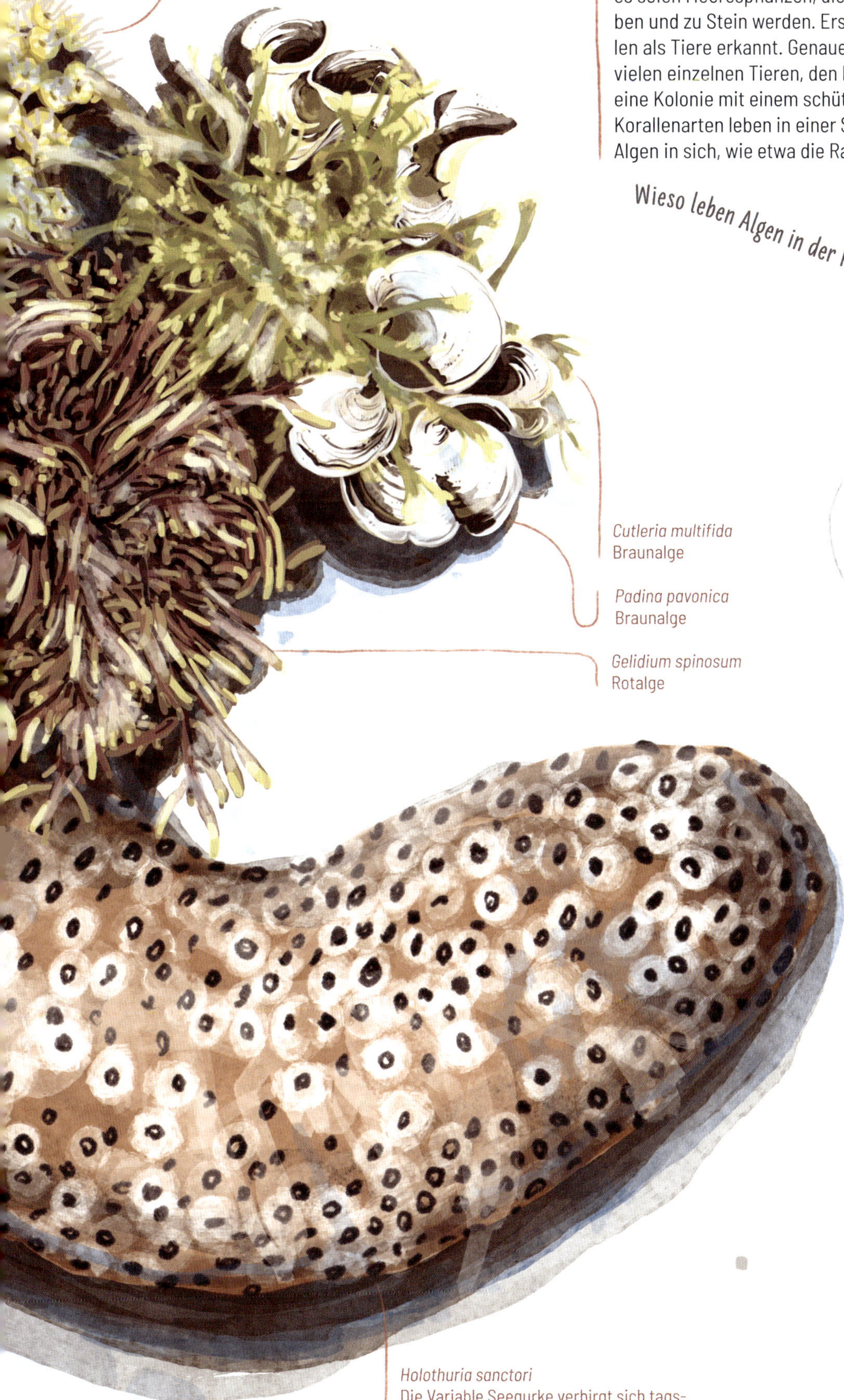

Cutleria multifida
Braunalge

Padina pavonica
Braunalge

Gelidium spinosum
Rotalge

Holothuria sanctori
Die Variable Seegurke verbirgt sich tagsüber unter Felsen, in dichtem Seegras oder Algenbewuchs. Erst wenn es dunkel wird, wagt sie sich aus ihrem Versteck, um Sand zu fressen.

Was sind Korallen?

Korallen sind vor allem aus den Tropen bekannt, es gibt sie aber auch im Mittelmeer. Lange war es den Menschen unklar, was Korallen sind. Zu römischen Zeiten wurde angenommen, es seien Meerespflanzen, die außerhalb des Wassers absterben und zu Stein werden. Erst Mitte des 18. Jhd. wurden Korallen als Tiere erkannt. Genauer gesagt besteht eine Koralle aus vielen einzelnen Tieren, den Polypen. Zusammen formen sie eine Kolonie mit einem schützenden Kalkskelett. Manche Korallenarten leben in einer Symbiose: Sie haben winzige Algen in sich, wie etwa die Rasenkoralle.

Wieso leben Algen in der Rasenkoralle?

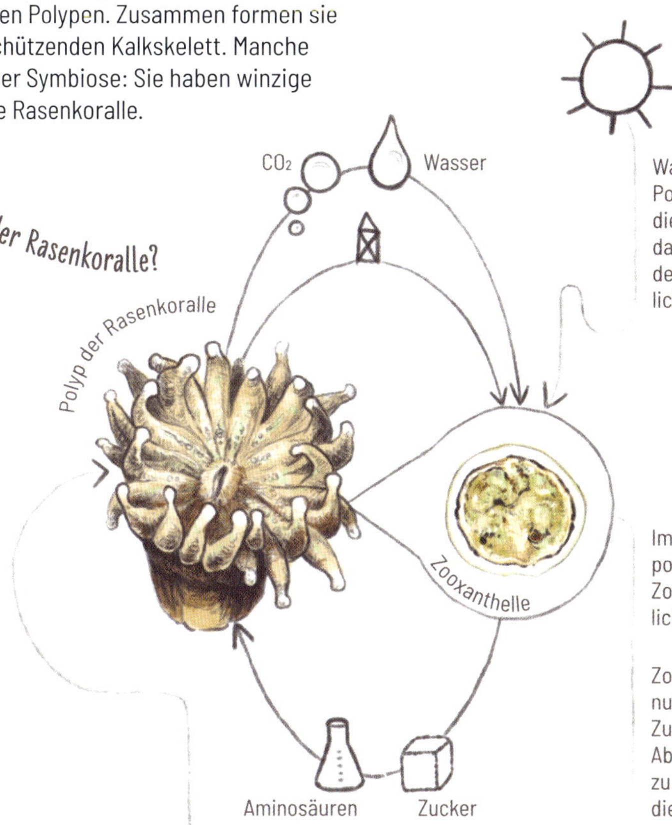

Wasser und CO_2 sind Restprodukte des Polypen. Die Zooxanthellen brauchen dies zur Fotosynthese. Am wichtigsten dafür ist aber Sonnenlicht. Deshalb finden sich Rasenkorallen nur in klarem, lichtdurchflutetem Wasser.

Im weichen Gewebe der Rasenkorallenpolypen leben einzellige Algen, genannt Zooxanthelle. Sie sind auch verantwortlich für die Farbe der Polypen.

Zooxanthelle betreiben Fotosynthese. Sie nutzen Sonnenlicht zur Produktion von Zucker und Aminosäuren, ihrer Nahrung. Aber auch die Polypen leben davon: Bis zu 90 % werden von den Zooxanthellen an die Polypen weitergegeben.

Hauptsächlich lebt die Rasenkoralle von den Produkten der Zooxanthellen. Zusätzlich fangen die Polypen mit ihren Tentakeln treibendes Plankton und Detritus als ergänzende Nahrung.

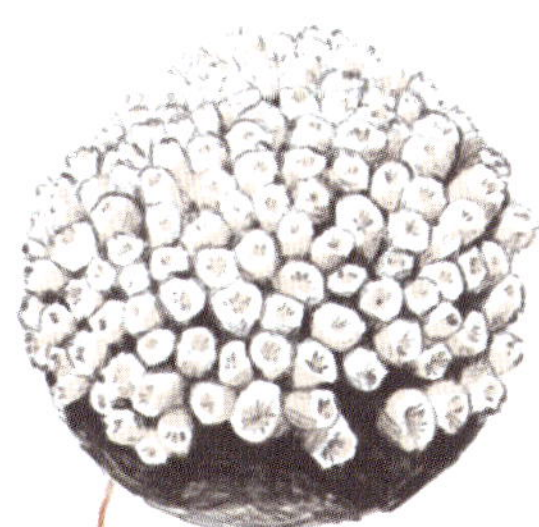

Das Mittelmeer erwärmt sich um 20 % schneller als der Durchschnitt der Weltmeere.

Ist das umgebende Wasser über mehrere Tage 26 °C oder wärmer, kann die Rasenkoralle bleichen.

Leichenblasse Korallen

Die immer schlimmer werdende Klimaerwärmung lässt die Wassertemperaturen der Meere weltweit ansteigen. Das ist eine ernsthafte Gefahr für Korallen, die mit Zooxanthellen leben. Ist es den Polypen zu warm, stoßen sie die Mikroalgen ab und werden weiß. Dieser Prozess heißt Korallenbleiche, da die Algen nicht nur für die Nahrung, sondern auch für die Farbe der Koralle verantwortlich sind. Eine bleiche Koralle ist nicht gleich tot. Die Polypen können erneut Zooxanthelle aufnehmen und sich erholen, wenn die Wassertemperatur sinkt. Doch bleibt das Meer zu warm und die Polypen zu lange ohne Algen, verhungern sie.

Frei treiben

Im Meerwasser gibt es unzählige kleine Lebewesen, das Plankton. Zum Plankton gehören alle Organismen, die frei im offenen Wasser treiben. Etliche verbringen ihr ganzes Leben treibend, andere entwickeln sich zu größeren Tieren, aber die meisten von ihnen werden gefressen. Denn das Plankton steht am Anfang des marinen Nahrungsnetzes: Alle anderen Tiere sind davon abhängig.

Den einzelligen Algen, die vor allem im Plankton der Meere vorkommen, verdanken wir den Sauerstoff in jedem zweiten Atemzug.

Phytoplankton

Phytoplankton sind Organismen, die vom Sonnenlicht leben, also Fotosynthese betreiben. Dabei entsteht auch Sauerstoff, den wir Menschen atmen. Die Mikroorganismen des Phytoplanktons bestehen meist aus einer einzigen Zelle und sind mit bloßem Auge nicht zu erkennen. Sie sind die Grundlage des Nahrungsnetzes.

Die Organismen dieser Doppelseite sind vergrößert. Der Strich entspricht 1 mm.

Prochlorococcus marinus ist so klein, dass es selbst durch die Vergrößerung auf dieser Seite noch nicht sichtbar ist.

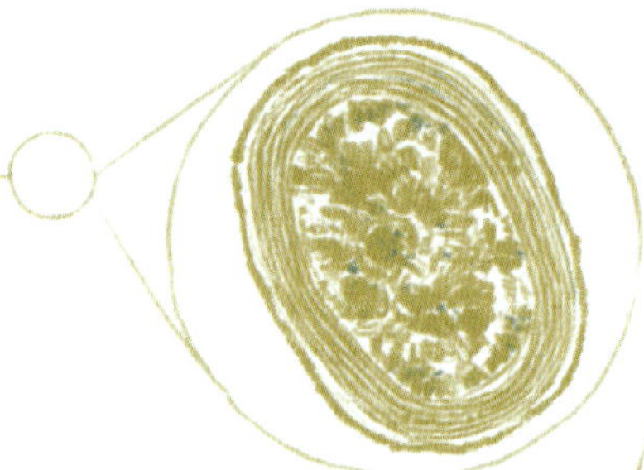

Prochlorococcus marinus

Dieses Cyanobakterium ist winzig, nur 0,5 Mikrometer im Durchmesser. Damit ist es der kleinste Fotosynthese betreibende Organismus, der bisher bekannt ist. Noch dazu ist die Gattung *Prochlorococcus* wahrscheinlich zahlenmäßig der häufigste Organismus der Erde: Mancherorts wurden über 100.000 *Prochlorococcus*-Zellen pro ml Meerwasser gefunden! Hauptsächlich befinden sich diese Cyanobakterien nahe der Meeresoberfläche, wo viel Sonnenlicht ist. Es wurden aber auch Fotosynthese betreibende Zellen in 150 m Tiefe gefunden, in die weniger als 1 % des Lichts vordringt.

Cyanobakterien ermöglichten unser Leben auf der Erde. Vor mindestens 2,7 Mia. Jahren fingen sie im Meer an, Sauerstoff zu produzieren. Das verwandelte die giftige Luft der Erde in eine ideale Umgebung für Tiere und Menschen, die Sauerstoff zum Atmen brauchen.

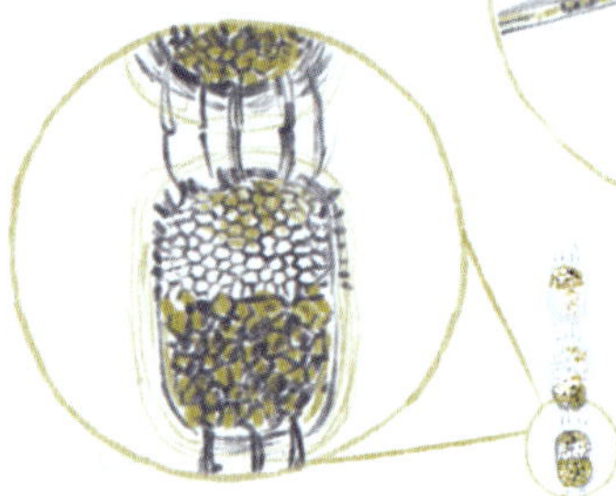

Im Mittelmeer gibt es rund 900 bekannte Kieselalgenarten.

Stephanopyxis turris

Diese Kieselalgen verbinden sich mit kurzen Fäden zu einer langen Kolonie, wie Perlen an einer Kette.

Planktonblüte – kann das Phytoplankton blühen?

Detritus

Mit dem Plankton treiben auch allerlei abgestorbene Teilchen, Kot, alte Hüllen von Eiern oder Krebstieren, Mikroplastik und anderes. Dieser Detritus wird von Zooplankton gefressen, von Bakterien zersetzt und von verschiedenen bodenbewohnenden Tieren aus dem Wasser gefiltert.

Pinus Spezies
Pollenkörner einer Kiefer

Fischschuppe

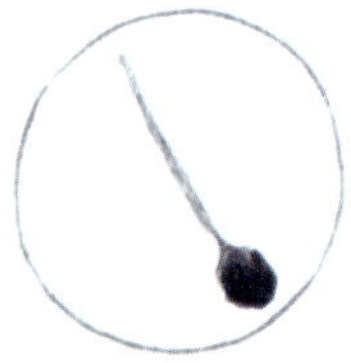

Virus Spezies

Viren sind wahrscheinlich die häufigsten Organismen im Meer. Sie zählen weder zum Phytoplankton noch zum Zooplankton, sondern bilden eine eigene Kategorie: das Virioplankton.

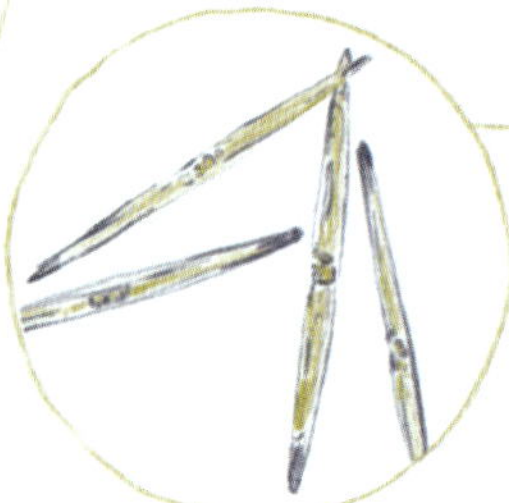

Pseudo-nitzschia cf. *pungens*

Diese Kieselalge produziert giftige Domoinsäure. Fressen Fische die Alge, können sie sterben. Auch für Menschen kann die Säure gefährlich werden, wenn sie Fisch oder Meeresfrüchte essen, in denen die Algen enthalten sind.

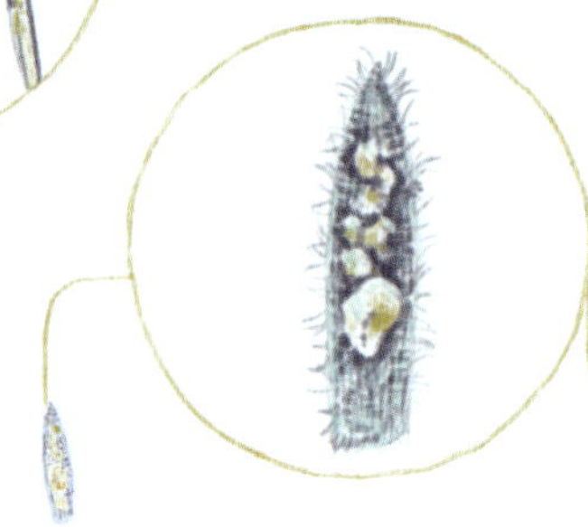

Tiarina fusus

Wimpertierchen haben feine Haare, die sie auch zur Fortbewegung nutzen: In 1 Sekunde schaffen sie bis zu 2 cm. Damit gehören sie zu den schnellsten Mikroorganismen.

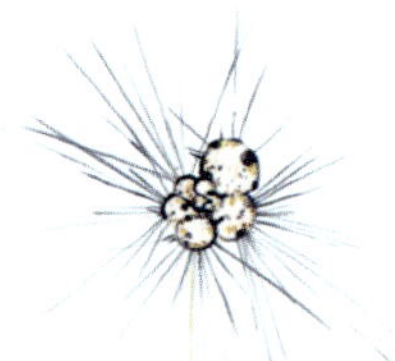

Globigerinella siphonifera

Foraminiferen können selbst kein Sonnenlicht nutzen. Sie haben aber oft Cyanobakterien oder Kieselalgen in ihre Zelle aufgenommen, die das können. Dieser Vorgang heißt Endosymbiose und beide Organismen profitieren davon. Zwischen dem aufgenommenen Einzeller und der Foraminifere wird sogar Genmaterial ausgetauscht.

Noctiluca scintillans

Der Dinoflaggelat reagiert auf Bewegungen, indem er Licht produziert. Diese Eigenschaft heißt Biolumineszenz. Besonders in warmen Sommernächten ist zu beobachten, wie Massen von Dinoflaggelaten beispielsweise die Wellen in der Brandung zum Leuchten bringen.

Zooplankton

Zum Zooplankton gehören alle Organismen, die ihre Energie aus organischem Material gewinnen, das heißt, sie fressen. Überwiegend wird Phytoplankton gefressen, aber auch kleinere Lebewesen, die zum Zooplankton gehören. Im Zooplankton finden sich zudem Eier und Larven verschiedener Tiere, die nur am Anfang ihres Lebens frei im Wasser treiben.

Ophiothrix fragilis
Larve des Zerbrechlichen Schlangensterns

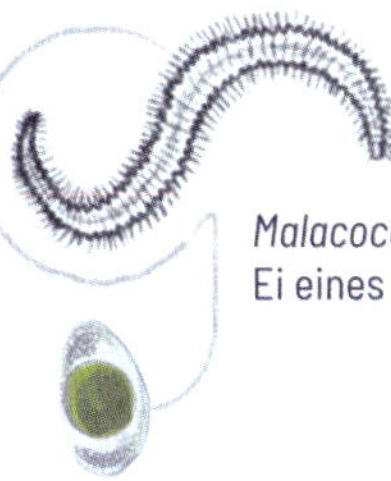

Malacoceros Spezies
Ei eines Borstenwurms

Penilia avirostris
Der Wasserfloh ist im warmen Mittelmeer heimisch. Wegen des Klimawandels kann er sich immer weiter verbreiten und wird seit den 1990er-Jahren sogar in der Nordsee beobachtet.

Kot eines Ruderfußkrebses

Phoronis muelleri
Lange wurde dieses Wesen für ein ausgewachsenes Tier gehalten, dabei ist es die Larve des Hufeisenwurms. Ist sie groß genug, lässt sich die Larve auf den Meeresboden sinken. Dort findet die Metamorphose, die Wandlung zum erwachsenen Wurm, statt. Die Metamorphose des Hufeisenwurms ist einzigartig im Tierreich: Sie dauert nur 15 - 30 Minuten.

Die Larve wandelt sich zum Wurm und gräbt sich im sandigen Boden ein.

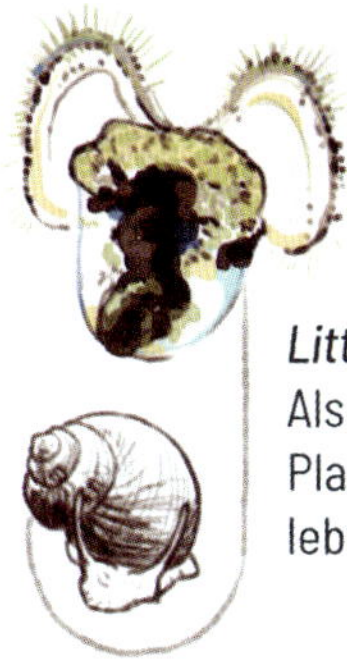

***Littorina* Spezies**
Als Larve treibt das Tier mit dem Plankton, die erwachsene Schnecke lebt am Boden im Gezeitenbereich.

Arnoglossus laterna
Die Larve der Lammzunge hat noch auf jeder Seite ein Auge und treibt mit dem Plankton. Während ihres Wachstums wandern beide Augen auf eine Seite und die Lammzunge ändert ihre Lebensweise. Aus der frei treibenden Larve wird ein erwachsener Fisch, der meist flach liegend auf sandigem Meeresgrund lebt.

Thunnus thynnus
Ei vom Blauflossen-Thunfisch

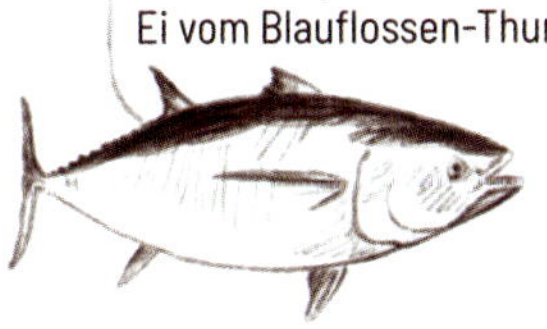

Limacina inflata
Meeresschnecken sind weit verbreitet und können in großen Massen auftreten. Sie sind eine wichtige Nahrung für Fische, Seevögel und Finnwale.

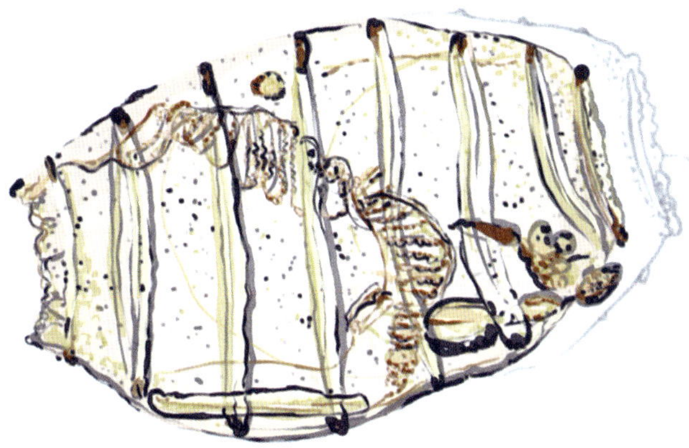

***Diliolum* Spezies**
Dieses Manteltier kann sehr schnell wachsen. In 1 Stunde wird es um bis zu 10 % länger.

Das Flossentier

Fische wirken auf Menschen dumm, stumm und emotionslos, doch das täuscht. Sie kommunizieren miteinander durch verschiedenste Geräusche, Gerüche und Bewegungen. Fische haben auch ein gutes Gedächtnis und etliche unter ihnen sind sogar ziemlich clever.

Der 6. Sinn

Viele Fische sehen ziemlich gut, sie hören, riechen, tasten und schmecken. Außerdem erspüren Fische ihre Umgebung: Wasserbewegungen genauso wie Pflanzen, Steine, Schiffe und Tiere. All das erkennen Fische durch die besonderen Sinneszellen des Seitenliniensystems. Mit diesem 6. Sinn spüren die Flossentiere, wie nah ihre Artgenossen sind, wo sich Beute versteckt und ob sich eine Bedrohung nähert. Besonders hilfreich ist das Seitenliniensystem beim synchronen Schwimmen im Schwarm. Die Fische spüren, wie nah die Nachbarfische sind und in welche Richtung sie sich bewegen. Sie stoßen nie aneinander. Auch bei der Orientierung auf Wanderungen, nachts oder im trüben Wasser hilft das Seitenliniensystem. Wie das Leben mit diesem 6. Sinn ist, ist nur schwer vorstellbar. Technische Geräte kommen bisher noch nicht an die Feinheiten des besonderen Organs heran.

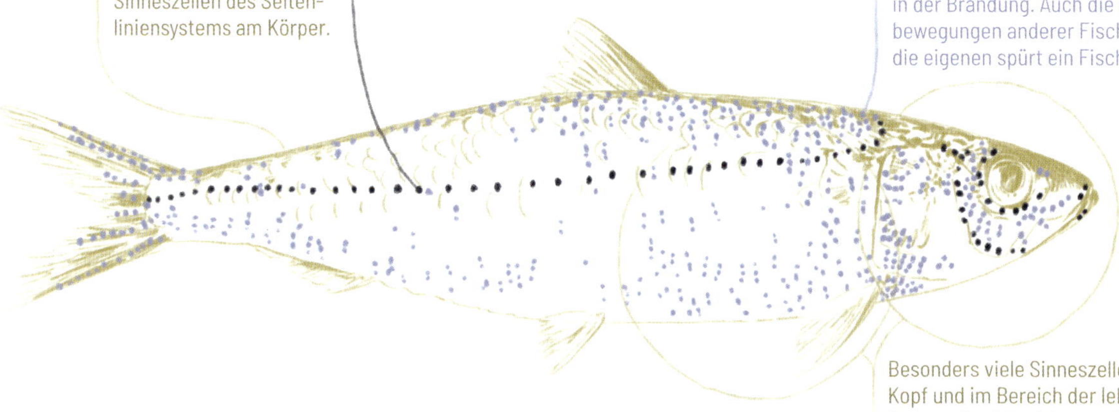

Synchronschwimmer

Ohne seinen Schwarm verhält sich ein einzelner Fisch panisch und orientierungslos.

Im offenen Meer, dort, wo es keine Verstecke gibt, finden Fische Schutz in der Masse. Ein Fischschwarm kann aus mehreren Tausend Tieren bestehen, die sich beinah gleichzeitig in eine Richtung bewegen. Die Einheit verwirrt Raubtiere wie Delfine oder Thunfische. Beim Schwimmen im Schwarm können die kleinen Beutefische auch Energie sparen, indem sie ihren Abstand und ihre Schwanzschläge denen der Voranschwimmenden anpassen.

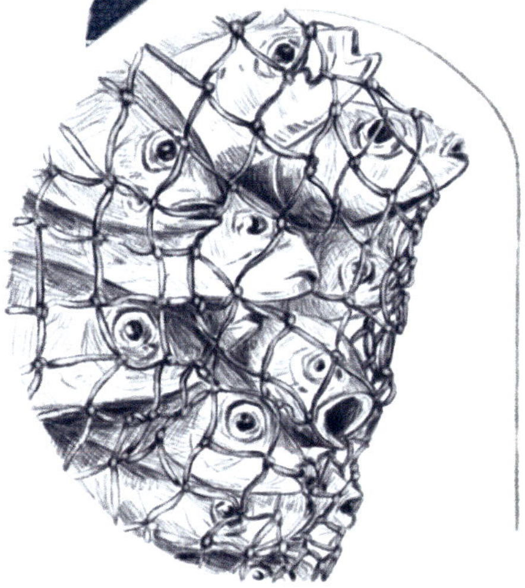

Ein Netz voll Schmerz

Teils grausame wissenschaftliche Versuche an Fischen zeigen, dass die Tiere Schmerz und Leid empfinden. Fische versuchen gezielt, diese zu lindern und merken sich schlechte Erfahrungen ziemlich gut. Umso schrecklicher erscheinen die Methoden, durch die gefangene Fische sterben müssen. Die meisten ersticken an der Luft. Beim Heben der Netze werden etliche auch durch das Gewicht der anderen Tiere erdrückt. Selbst wenn sie nach dem Fangen wieder freigelassen werden, sterben viele Fische an den Verletzungen oder an Stress.

Die Luftblasen schrecken den Fischschwarm auf und treiben ihn an die Wasseroberfläche. Fische nehmen die Blasen wie eine undurchdringliche Barriere wahr. Sie fühlen sich gefangen.

Delphinus delphis
Gemeiner Delfin

Delfine nutzen Echoortung zum Aufspüren von Fischen. Menschen können diese hochfrequenten Töne nicht hören, aber auf der Haut spüren.

Über 45 km/h schnell schwimmen Gemeine Delfine.

Turboantrieb

Mit der waagerechten Schwanzflosse tauchen Delfine sehr schnell nach unten und oben. Das verschafft ihnen einen Vorteil gegenüber Fischen mit senkrechter Schwanzflosse. Ihre Wendigkeit und die gute Zusammenarbeit in der Gruppe sind die Stärken der Delfine. Sie können es sogar mit Haien aufnehmen und diese töten.

Orcinus orca
Orcas sind die größten unter den Delfinen. Im Mittelmeer leben sie vor allem um die Straße von Gibraltar. Seit 2020 häufen sich die Berichte, dass sich dort Orcas auf Segelboote stürzen. Sie rammen und beißen die Boote oder schubsen sie sich gegenseitig zu. Einige Segelboote kenterten, Menschen wurden nicht verletzt. Mehrere 100 solcher Ereignisse sind bekannt. Noch ist unklar, was die Tiere antreibt. Vor allem halbwüchsige Orcas wagen sich an die Segelboote. Ähnlich wie menschliche Teenager sind auch sie sehr neugierig, übermütig und experimentierfreudig.

Götterboten

Im Türkischen heißt Delfin *Yunus*, genau wie Jona, ein Prophet des Christentums und des Islam.

Delfine helfen gelegentlich Menschen in Not, weshalb die alten Griechen sie als Boten der Götter sahen. Warum Delfine Menschen helfen, wird diskutiert. Fest steht, dass sie sehr soziale und intelligente Tiere sind. Vielleicht lässt sich damit erklären, warum Menschen so fasziniert sind von Delfinen.

In der Alborán-See gibt es besonders viele Wale und Delfine. Hier finden sich Delfinschulen mit über 100 Tieren.

Delfindarstellung aus einem minoischen Fresko auf Kreta, 1700 – 1450 v. Chr.

Familienbande

Delfinpopulationen unterschiedlicher Regionen haben verschiedene Ess- und Jagdkulturen.

Menschen und Delfine haben einiges gemeinsam. Sie leben in dauerhaften Gemeinschaften, kümmern sich umeinander und spielen miteinander. Sie entwickeln eigene Gewohnheiten und Kulturen. Junge Delfine und Menschen sind in den ersten Lebensjahren vollständig auf Erwachsene angewiesen und die Babys werden von ihren Müttern gesäugt, sind also Säugetiere.

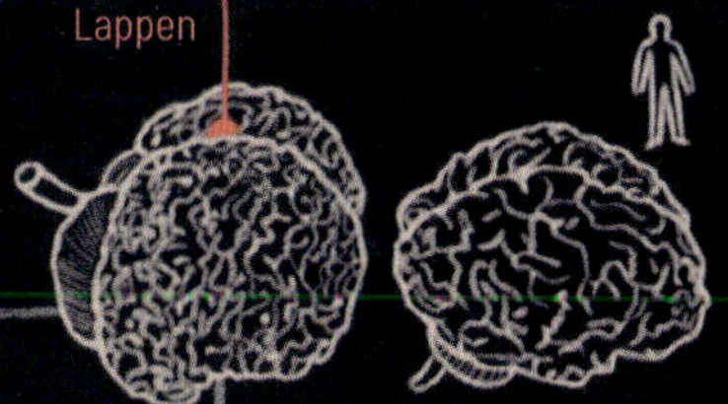

Hochleistungsorgan Gehirn

Zur Verarbeitung von Emotionen haben Menschen und Delfine ein eigenes Gehirnareal: das limbische System. Der bei Delfinen ausgeprägte paralimbische Lappen fehlt bei Menschen. Dieser Bereich ist ebenfalls für emotionales Empfinden zuständig. Die Wissenschaft schließt daraus, dass Delfine und Orcas ein Ich-Erleben, einen sozialen Zusammenhalt und ein Gefühlsleben haben, das wesentlich komplexer und stärker ist als das der Menschen.

Sprachgewandt

Für das Zusammenleben ist Kommunikation besonders wichtig. Delfine verständigen sich mit Klicken, Pfiffen, Schnattern und ihrer Körpersprache. Jede Gruppe hat ihren eigenen Dialekt und jeder Delfin einen einzigartigen Pfeifton, einen Erkennungston ähnlich eines Namens.

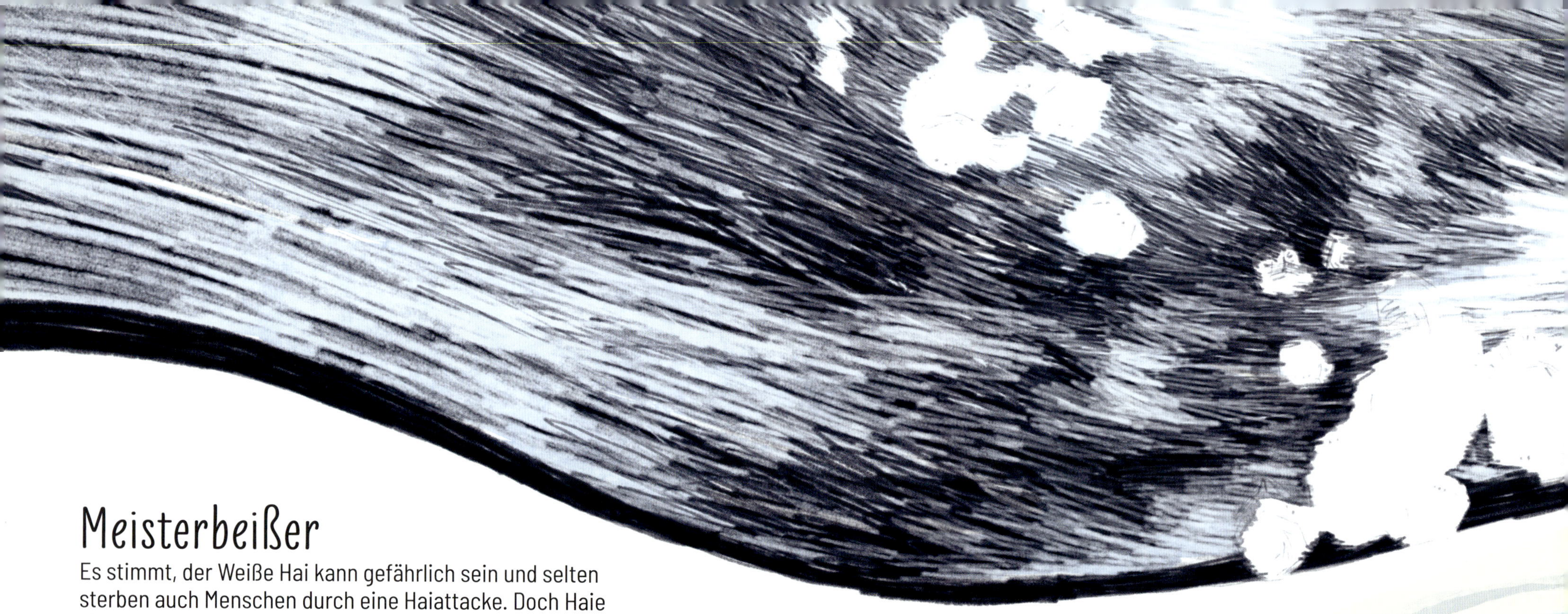

Meisterbeißer

Es stimmt, der Weiße Hai kann gefährlich sein und selten sterben auch Menschen durch eine Haiattacke. Doch Haie sind keine Ungeheuer und Menschen stehen nicht auf ihrem Speiseplan.Tatsächlich werden in der New Yorker U-Bahn mehr Menschen von anderen Menschen gebissen, als weltweit Menschen im Meer von Haien.

Zahn vom Weißen Hai

Zahn eines Megalodons
Der ausgestorbene Megalodon war wohl die größte Haiart, die je gelebt hat.

Meisterstück der Evolution

Schon seit über 450 Mio. Jahren gibt es Haie in den Weltmeeren. Sie haben fünf Massensterben überstanden und sind älter als die Dinosaurier. Die Evolution dieser Tiere ist schwer nachzuvollziehen, da es von ihrem knorpeligen Skelett nur selten Fossilien gibt. Gut erhalten blieben dagegen die Zähne. Die Geschichte der Haie wird also hauptsächlich mithilfe der fossilen Zähne erforscht.

Anhand des Flossenschlags eines Fisches kann der Weiße Hai hören, ob dieser verletzt ist.

Einen über
500 m
entfernten Blutstropfen kann ein Weißer Hai riechen.

Meisteraufspürer

Menschen und Tiere erzeugen im Wasser schwache elektrische Felder. Menschen bemerken sie nicht, Haie und Rochen dagegen schon: Mit ihren besonders sensiblen Poren am Kopf können sie die schwachen elektrischen Felder spüren. Diese Poren heißen lorenzinische Ampullen und sind Teil des Seitenliniensystems. Ist ein Hai auf der Jagd, sind all seine Sinne gefragt. Der Geruch von Blut oder die Geräusche panischer Bewegungen machen ihn aufmerksam. Manche Haie jagen eher auf Sicht, andere verlassen sich auf ihr Seitenliniensystem, um zu spüren, wo das Beutetier ist. Im letzten Moment orientiert sich der Hai am elektrischen Feld seiner Beute - mit den lorenzinischen Ampullen über dem Maul spürt er ganz genau, wo er zuschnappen muss.

Manche Haie und Rochen können das Herzklopfen eines Fisches spüren, der sich 15 cm tief im Sand vergraben hat.

Bis zu
300 Zähne in 5 Reihen
hat ein Weißer Hai im Maul. Die Zähne der vorderen Reihen fallen laufend aus und werden durch die hinteren ersetzt, denn durch die Jagd und das Fressen nutzen sie sich schnell ab.

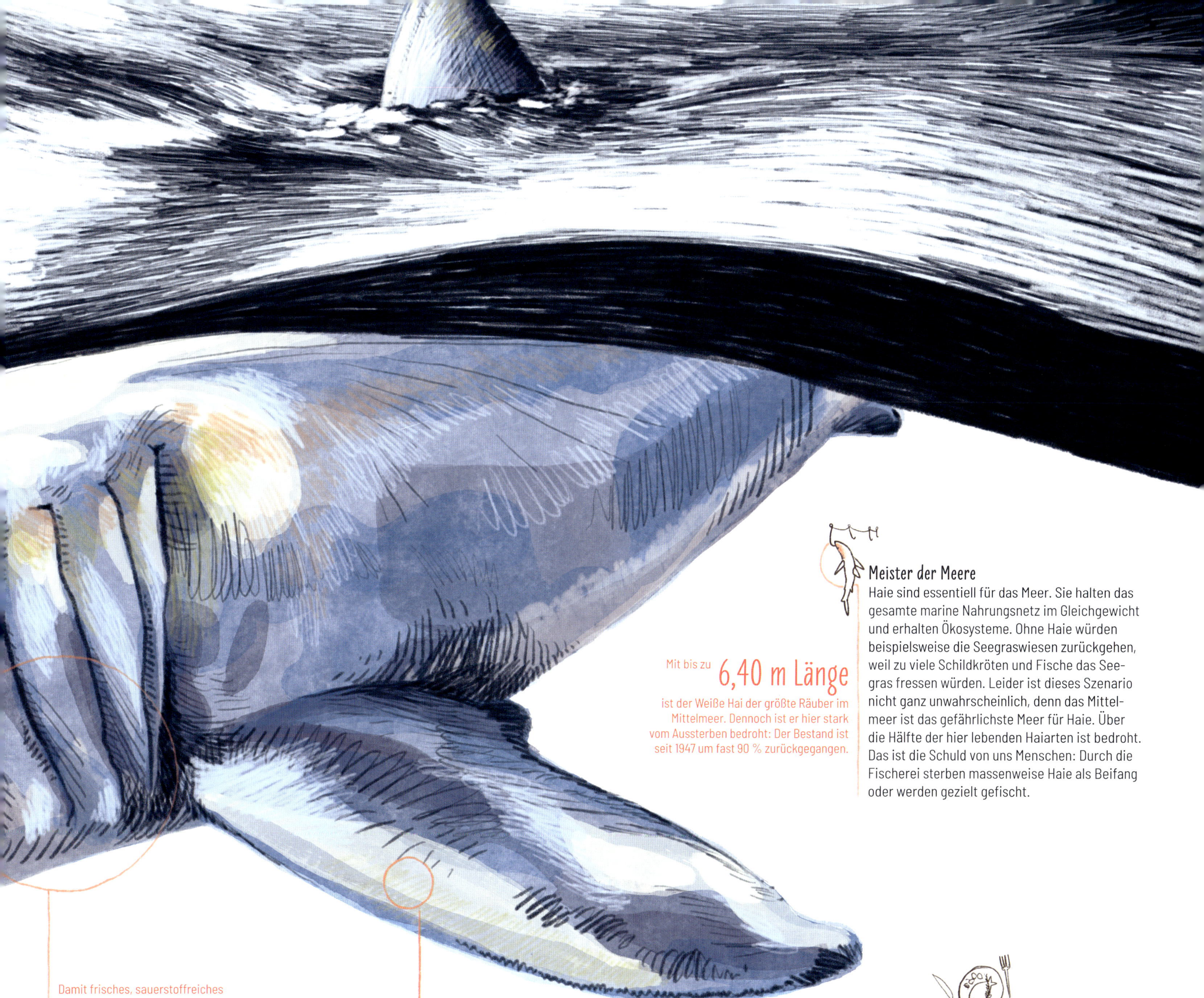

Mit bis zu **6,40 m Länge** ist der Weiße Hai der größte Räuber im Mittelmeer. Dennoch ist er hier stark vom Aussterben bedroht: Der Bestand ist seit 1947 um fast 90 % zurückgegangen.

Meister der Meere

Haie sind essentiell für das Meer. Sie halten das gesamte marine Nahrungsnetz im Gleichgewicht und erhalten Ökosysteme. Ohne Haie würden beispielsweise die Seegraswiesen zurückgehen, weil zu viele Schildkröten und Fische das Seegras fressen würden. Leider ist dieses Szenario nicht ganz unwahrscheinlich, denn das Mittelmeer ist das gefährlichste Meer für Haie. Über die Hälfte der hier lebenden Haiarten ist bedroht. Das ist die Schuld von uns Menschen: Durch die Fischerei sterben massenweise Haie als Beifang oder werden gezielt gefischt.

Damit frisches, sauerstoffreiches Wasser an seine Kiemen kommt, muss der Weiße Hai konstant schwimmen, ansonsten erstickt er.

Die Haut der Haie ist rau wie eine Raspel. Das nutzen kleine Fische: sie reiben sich an Haien, um Parasiten loszuwerden.

Hai, der als Schwertfisch verkauft wird, ist einer der häufigsten Betrugsfälle mit Meerestieren in Italien.

Speisefische?

Haie stehen an der Spitze des marinen Nahrungsnetzes. Darum lagern sich in ihrem Fleisch besonders viele Giftstoffe ein. Bei Stichproben von Haifischfleisch werden die Grenzwerte für Schadstoffe teils um das 4-fache überschritten. Trotzdem werden Haie weltweit gegessen und gehandelt. Zu den größten Haifischexporteuren gehört Spanien, und Italien ist eines der wichtigsten Importländer.

Etwa
17.000 Arten
von Meerestieren, -algen und -pflanzen sind hier bekannt.

In ihrem Element

Trotz der kleinen Größe gehört das Mittelmeer zu den komplexesten marinen Gebieten. Das zeigt sich auch in der Natur: 20 – 30% der Arten gibt es nur hier. Damit besitzt das Mittelmeer die höchste Endemismusrate weltweit.

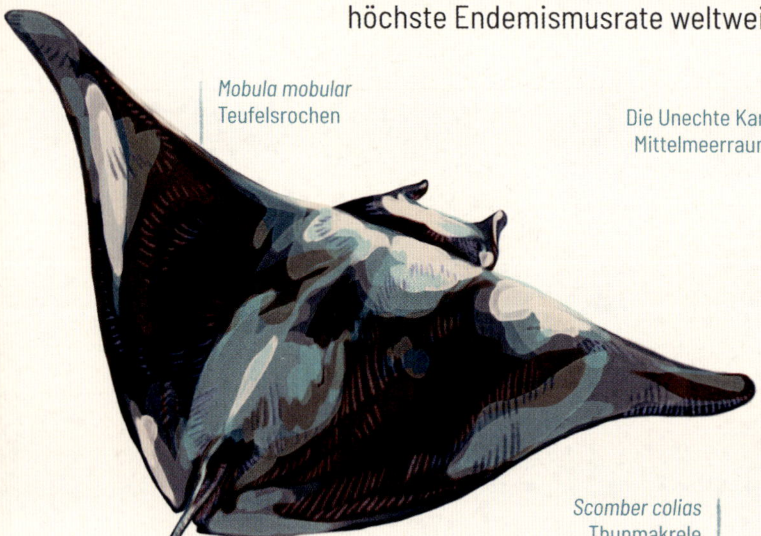

Mobula mobular
Teufelsrochen

Sphyrna zygaena
Der Glatte Hammerhai ist stark vom Aussterben bedroht. Der Bestand ist um über 90% zurückgegangen und in manchen mediterranen Gebieten ist er sogar ausgestorben.

Caretta caretta
Die Unechte Karettschildkröte steht im Mittelmeerraum unter Schutz und ihre Population nimmt zu.

Cotylorhiza tuberculata
Die weibliche Spiegelei-qualle lässt kurz vor ihrem Tod viele kleine Larven ins Wasser.

Katsuwonus pelamis
Echter Bonito

Scomber colias
Thunmakrele

Caranx hippos
Pferdemakrele

Balaenoptera physalus
Der Finnwal ist das größte Tier des Mittelmeeres und das zweitgrößte der Welt. Er wird bis zu 24 m lang, 70 t schwer und weit über 100 Jahre alt. Zudem ist der Finnwal der schnellste unter den Walen: 40 km pro Stunde schafft er. Das ist so schnell, dass ihm die frühen Walfänger nicht folgen konnten – bis zur Einführung der Dampfschiffe im 19. Jhd. Finnwale kommen nur über den Sommer ins Mittelmeer. Hier fressen sie Plankton und bringen ihre Kälber auf die Welt.

Pelagia noctiluca
Die Qualle leuchtet, wenn sie etwa durch starken Wellengang gestört wird. Ihre Nesselfäden sind giftig. Damit fängt und betäubt sie ihre Beute. Bei Menschen verursacht das Gift schmerzhafte Hautreizungen.

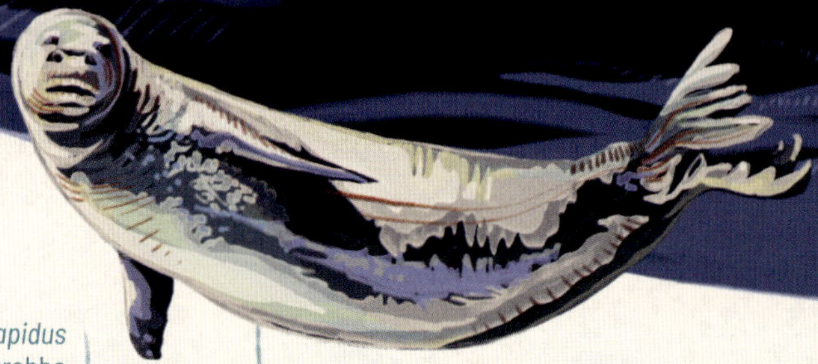

Monachus monachus
Die Mittelmeer-Mönchsrobbe ist eine der seltensten Robben der Welt. Es gibt nur 350-450 ausgewachsene Tiere.

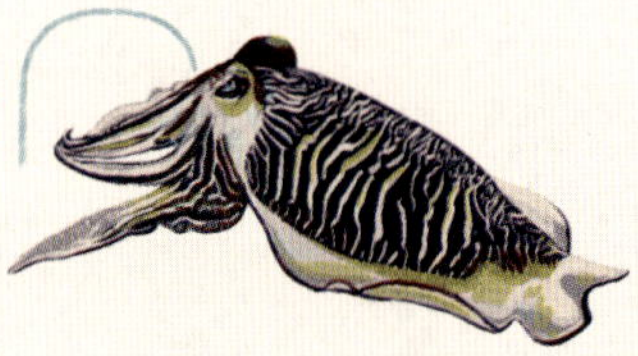

Sepia officinalis
Gewöhnlicher Tintenfisch

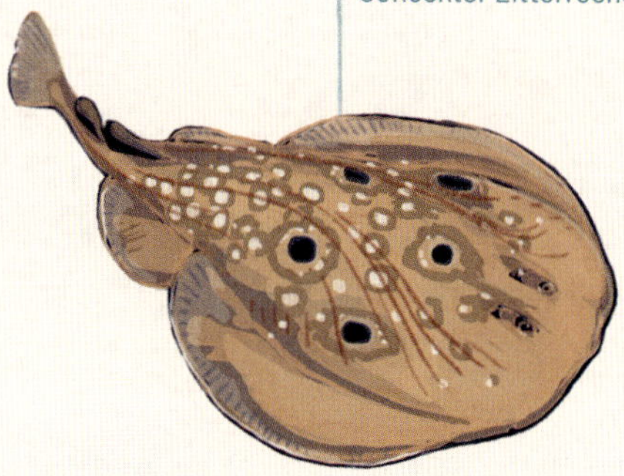

Torpedo torpedo
Gefleckter Zitterrochen

Echinaster sepositus
Purpurstern

Callinectes sapidus
Schwimmkrabbe

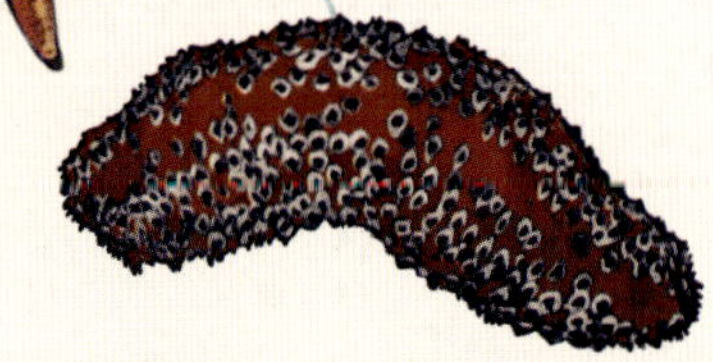

Holothuria sanctori
Seegurke

Charonia variegata
Die Atlantische Tritonschnecke ist die größte Schnecke des Mittelmeeres. Mit ihrem säurehaltigen Speichel betäubt sie Seeigel und Seesterne, um ebenfalls mit dem Speichel Löcher in die Kalkschalen zu bohren und die Tiere dann zu fressen.

Mycteroperca marginatus
Braune Zackenbarsche sind sehr neugierige Fische, die vor Tauchenden keine Angst haben und gerne näher kommen.

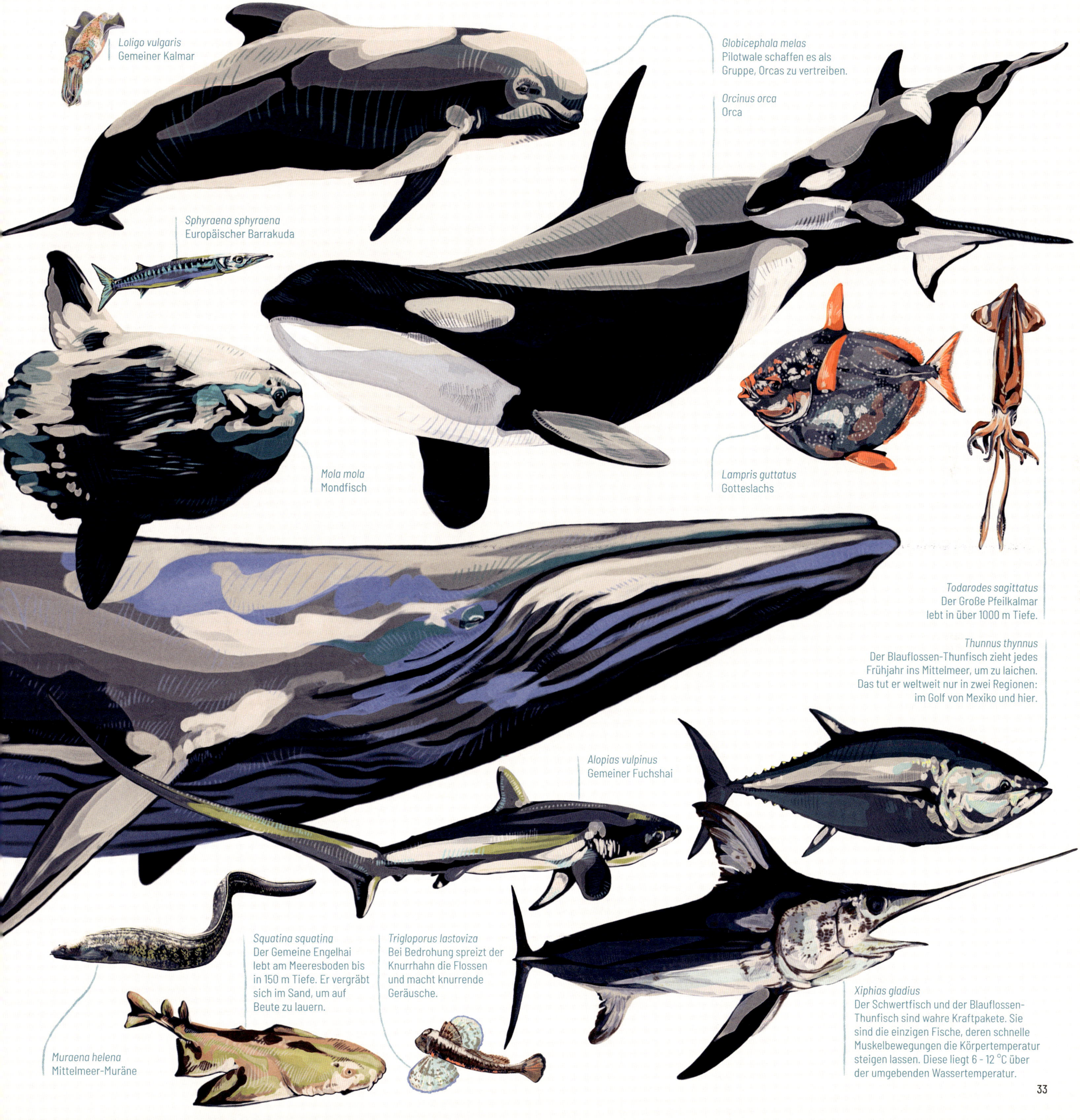
Loligo vulgaris
Gemeiner Kalmar
Globicephala melas
Pilotwale schaffen es als
Gruppe, Orcas zu vertreiben.
Orcinus orca
Orca
Sphyraena sphyraena
Europäischer Barrakuda
Mola mola
Mondfisch
Lampris guttatus
Gotteslachs
Todarodes sagittatus
Der Große Pfeilkalmar
lebt in über 1000 m Tiefe.
Thunnus thynnus
Der Blauflossen-Thunfisch zieht jedes
Frühjahr ins Mittelmeer, um zu laichen.
Das tut er weltweit nur in zwei Regionen:
im Golf von Mexiko und hier.
Alopias vulpinus
Gemeiner Fuchshai
Squatina squatina
Der Gemeine Engelhai
lebt am Meeresboden bis
in 150 m Tiefe. Er vergräbt
sich im Sand, um auf
Beute zu lauern.
Trigloporus lastoviza
Bei Bedrohung spreizt der
Knurrhahn die Flossen
und macht knurrende
Geräusche.
Xiphias gladius
Der Schwertfisch und der Blauflossen-
Thunfisch sind wahre Kraftpakete. Sie
sind die einzigen Fische, deren schnelle
Muskelbewegungen die Körpertemperatur
steigen lassen. Diese liegt 6 - 12 °C über
der umgebenden Wassertemperatur.
Muraena helena
Mittelmeer-Muräne

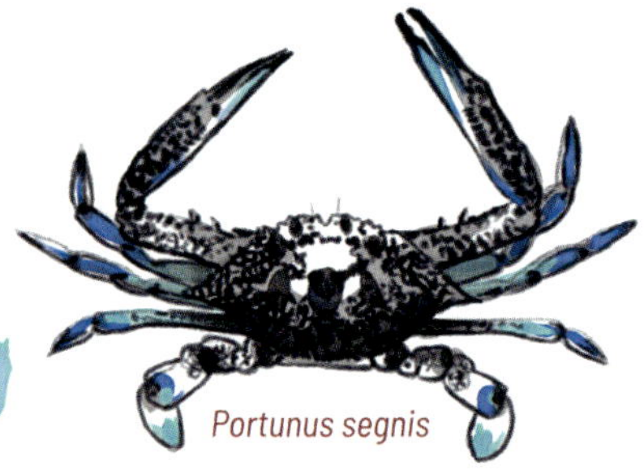

Portunus segnis

Golf von Gabès, Tunesien

Eine Invasion

Die Blaue Schwimmkrabbe ist über den Suezkanal eingewandert. Sie hat kaum Fressfeinde, verdrängt heimische Tiere, zerstört Fischernetze und frisst daraus den gefangenen Fisch. In Tunesien heißt die Krabbe *Daesh*, wie der arabische Name für die radikale und gewalttätige Gruppe IS. Sie war eine Plage, bis sie selbst zum Ziel der örtlichen Fischerei wurde. Hier ist die Krabbe eher ein unübliches Lebensmittel, anders als in Asien und Nordamerika. Mittlerweile wird die Schwimmkrabbe von den Fischenden im Golf von Gabès gefangen, in örtlichen Fabriken weiterverarbeitet und in alle Welt exportiert. Und langsam findet sie auch Verwendung in der lokalen Küche.

Über

42.000 Jahre

schon fahren und fischen Menschen auf dem Mittelmeer.

Mensch auf dem Meer

Meerestiere fangen gehört seit Jahrhunderten zu den Kulturen des Mittelmeeres. Beinahe in jedem Küstenort lebt eine Fischereifamilie. In Kroatien, Marokko und Tunesien geht sogar ca. 1 von 100 Küstenbewohnenden fischen.

Mittlerweile arbeiten über 700 Fischende mit.

Sie fischen jeden Monat ca. 20.000 kg Müll aus dem Mittelmeer.

Griechenland und Italien

Müllfischerei

2016 gründete Lefteris Arapakis Griechenlands erste professionelle Fischereischule. Schnell merkte er, dass schrumpfende Fischbestände nicht das einzige Problem waren. In den Netzen verfing sich sehr viel Plastikmüll. Daraufhin rief er das Projekt *Mediterranean CleanUp* ins Leben. Fischende, die den gefangenen Müll an Land bringen und an Sammelstellen übergeben, werden dafür bezahlt. Der Abfall wird sortiert, recycelt und für Neues verwendet, etwa Kleidung.

2023 gelang einem Forschungsteam in Murcia erstmals die Zucht von Thunfischen in Gefangenschaft. Ob das nachhaltig und tierfreundlich ist, bleibt umstritten.

Thunnus thynnus
Der Blauflossen-Thunfisch gehört zu den teuersten Fischen der Welt. Wegen des hohen Marktwertes werden mitunter schon die Jungfische gefangen und in Fischfarmen gemästet, bis sie ein verkaufsfähiges Gewicht erreichen.

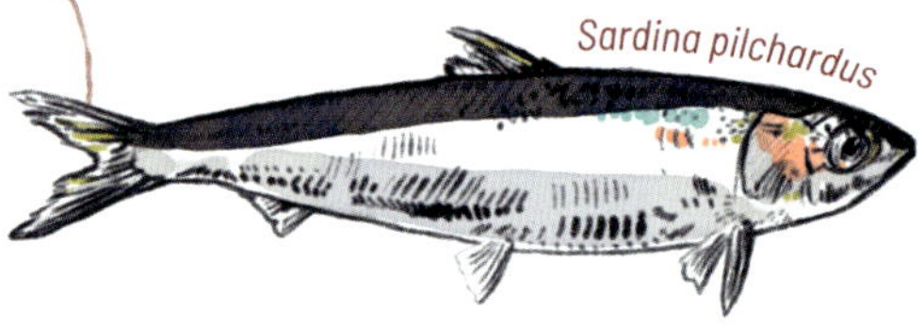

Sardina pilchardus

Rund

332 Millionen €

werden jährlich mit Sardinen erwirtschaftet. Sie sind die wirtschaftlich wichtigsten Tiere im Mittelmeer.

Etwa

60.000

kleine Fischereiboote unter 12 m Länge gibt es am Mittelmeer. Das sind 83 % der gesamten Fischereiflotte.

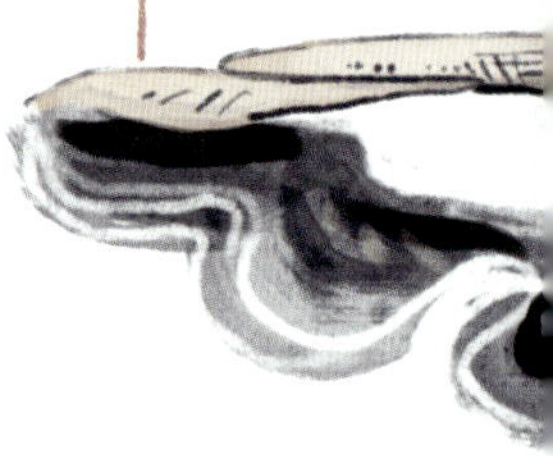

Ruditapes philippinarum

Rund

13.500 t Vongole

werden jährlich in der Lagune *Sacca di Goro* geerntet. Das ist über die Hälfte der italienischen Jahresproduktion.

Po-Delta, Italien

Zu warm zur Muschelzucht?

Die Venusmuscheln, *vongole veraci* auf Italienisch, gedeihen wunderbar im Wassergemisch der Lagunen des Po-Deltas. Das ändert sich, wenn in extrem heißen Sommern der Fluss austrocknet und kaum Süßwasser nachfließt. Dazu kommen rasant wachsende Algenteppiche. Sie machen den Muschelzüchtenden die Arbeit schwer und entziehen dem Wasser Sauerstoff, den die Muscheln brauchen. Einen Hitzesommer verkraften die Schalentiere, solange sie sich in der kühlen Jahreszeit erholen können. Doch was passiert, wenn durch die Klimaerwärmung die Wassertemperaturen auch dann zu warm bleiben?

Zarzis, Tunesien

Seenotretter an vorderster Front

Regelmäßig treffen Fischer aus Zarzis auf Migrierende. Die Menschen auf der Überfahrt nach Europa können schnell in Seenot geraten. Ihre Boote sind nicht hochseetauglich und auf dem offenen Meer ist die Navigation schwierig. Die Fischer wollen helfen. Sie ließen sich zu Seenotrettern ausbilden und rüsteten ihre Schiffe mit Rettungsutensilien aus, noch bevor NGOs zu Hilfsmissionen ins Mittelmeer aufbrachen. Doch etliche migrierende Menschen verunglücken unbemerkt. In Zarzis gibt es keinen Fischer mehr, der den Ertrunkenen noch nicht begegnet ist.

Geschätzte

230.000 t Tiere

werden jährlich im Mittelmeer zu Beifang.

Tonnenweise Beifang

Beifang sind Tiere, die beim Fischen mitgefangen werden, aber nicht beabsichtigt oder gewünscht sind: Zu kleine Jungfische und Tiere, die nicht gegessen werden wie Seepferdchen und Seevögel, gehören dazu. Darunter sind aber auch große und geschützte Arten wie Haie und Delfine. Die Tiere sind überwiegend tot oder sterbend, wenn sie an Bord gezogen werden. Meist werfen die Fischenden den Beifang zurück ins Meer, denn dafür gibt es keine Verwendung. Selbst wenn die Tiere lebend im Wasser landen, sterben die meisten wenig später an Stress oder ihren Verletzungen.

Etwa

127.000

Beschäftigte arbeiten in kleinen Fischereibetrieben. Das sind 57% aller Menschen, die insgesamt in der Mittelmeerfischerei tätig sind.

Über

50

verschiedene Fanggeräte verwendet die kleine Küstenfischerei.

Ca.

175.000 t Fisch

werden jährlich von kleinen Fischereibetrieben gefangen. Das sind nur 15% des gesamten Fangs aus dem Mittelmeer. Im Gegensatz zu Trawlern und Langleinenschiffen haben sie einen relativ kleinen Einfluss auf die Fischbestände.

75%

von den für die Fischerei bedeutenden Arten sind überfischt.

Viel zu viel Fischerei

Das Mittelmeer ist das am schlimmsten überfischte Meer weltweit. Das bedeutet, zu viele Tiere werden gefangen und die verbliebenen können sich nicht schnell genug vermehren. Überfischung kann zum Aussterben der Tierart führen. Mittlerweile erholen sich die Fischbestände wieder. Geschützte Meeresbereiche, Fangquoten und saisonale Fangverbote haben dazu beigetragen. Nachhaltig ist die Fischerei damit aber noch nicht.

Die Britin Elizabeth David bereiste im 2. Weltkrieg den Mittelmeerraum. Ihre kulinarischen Erfahrungen sammelte sie in dem Kochbuch *Book of Mediterranean Food*. Was sich Menschen heute in Mitteleuropa unter „mediterraner Küche" vorstellen, wurde wesentlich von ihr geprägt.

Gaumenvergnügen

Speisen des Mittelmeerraums sind heute weltweit verbreitet. Das liegt auch daran, dass über die Zeit hinweg Menschen ihre mediterrane Heimat verließen und ihre Art des Kochens mitnahmen – vor allem nach Nordeuropa und Amerika. Pizza und Pasta sind mittlerweile von den dortigen Tellern nicht mehr wegzudenken. Genauso haben sich mediterrane Speisen über die Jahrhunderte verändert und tun es immer noch, ob aus Not oder Neugier der Kochenden.

Tomaten, Paprika und Zucchini

Sie gelten als typisch mediterrane Gemüse, stammen aber alle aus Amerika. Nachdem der Seefahrer Kolumbus 1492 in Mittelamerika war, wurden sie in mediterrane Länder eingeführt. Die Tomate schmückte als Zierpflanze die Gärten Wohlhabender und wurde für giftig gehalten. Erst ca. 200 Jahre später kam sie auf die Teller.

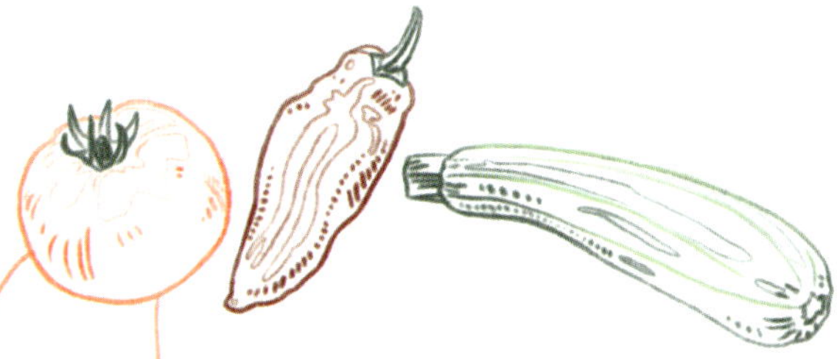

Tomatensoße

Soße aus Tomaten ist ein Klassiker auf Pizza, zu Nudeln und im Shakshuka, einem Nationalgericht Israels. Shakshuka wird auch gern in Nordafrika gegessen. Es gibt die Vermutung, dass jüdische Menschen das Gericht in Israel einführten, als sie Mitte des 19. Jhd. aus Nordafrika geflohen sind.

Am 14. Mai 1948 wurde der Staat Israel gegründet. Nicht alle begrüßten den neuen jüdischen Staat. In Nordafrika führte das zu Gewalttaten gegen jüdische Mitmenschen. Hunderttausende flohen deswegen aus ihrer nordafrikanischen Heimat nach Israel.

Weizen

Das Getreide war eines der ersten Güter, die über das Mittelmeer geschifft wurden. Mit dem Weizenanbau und -handel wurden etliche Städte reich, wie das afrikanische Karthago. Anders lief es im 12. Jhd. auf Sardinien: Dort lebten die Menschen bescheiden, sie bauten Getreide an und hielten Schafe. Die damals mächtigen Städte Genua und Pisa nutzten die Sarden aus. Sie ließen sie hart arbeiten und absichtlich in Armut leben. So viel Weizen wie möglich sollte exportiert werden, Genua und Pisa verdienten sehr gut daran. Regelmäßig kam es zu Kriegen zwischen den beiden Städten, weil sie sich um den Weizen auf Sardinien stritten.

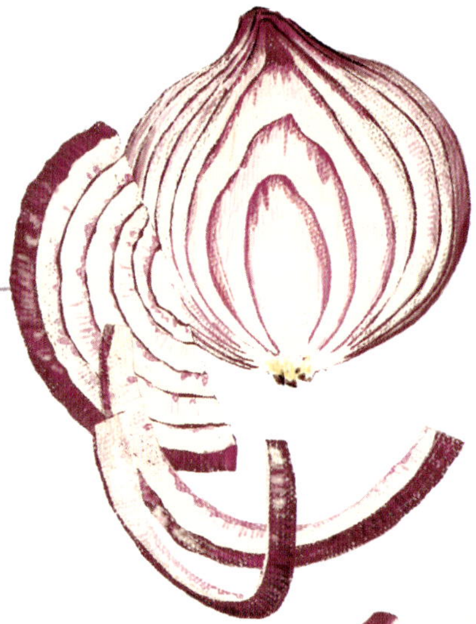

Zwiebel

Sie ist eine der ältesten Kulturpflanzen und wurde schon vor über 5000 Jahren angebaut, unter anderem im alten Ägypten. Sogar im Grab des Pharaos Tutanchamun wurden Zwiebelreste gefunden. Immer noch ist die Zwiebel ein Grundnahrungsmittel, ohne das kaum ein Gemüse- oder Fleischgericht auskommt. Wie bedeutend sie ist, zeigte sich während der Zwiebelkrise in der Türkei 2018: Gemüse wurde knapp und sehr teuer. Das fand auch seinen Ausdruck in den sozialen Medien: Frauen posteten Bilder von sich mit Ketten und Ringen aus Zwiebeln als neues Luxusprodukt. Damit verspotteten sie verantwortliche Politiker.

Fisch und Meeresfrüchte

Am Meer ist es naheliegend, Meerestiere zu essen. Doch das Mittelmeer ist stark überfischt. Deswegen suchen Kochende wie Forschende nach Alternativen und werden fündig: Die Lungenqualle *Rhizostoma pulmo* ist essbar und besteht vor allem aus Wasser, Proteinen und Salz. Ihre glibberige Konsistenz geht verloren, wenn sie gekocht und eingelegt wird. Aktuell wird in Laboren und Küchen daran gearbeitet, dass die Qualle als Lebensmittel zugelassen wird.

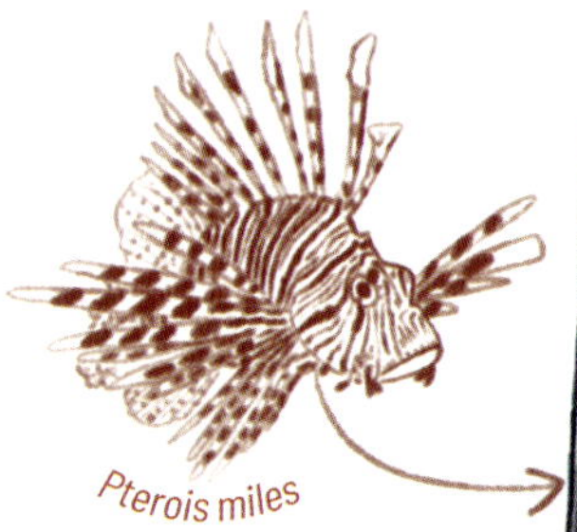

Anders ist es mit essbaren eingewanderten Arten. Die Blaue Schwimmkrabbe oder der Feuerfisch leben erst seit Kurzem im Mittelmeer, vermehren sich aber sehr schnell und bedrohen einheimische Tiere. Eine Möglichkeit, die Eindringlinge in Schach zu halten, ist, sie zu essen.

Zutaten wie Olivenöl oder Tomaten werden rund ums Mittelmeer verwendet, die fertigen Gerichte sind aber von Region zu Region unterschiedlich. Der Geschmack von Olivenöl und Wein ist abhängig von Boden und Klima. Manche Köstlichkeit wie frischer Thunfisch oder Wildpflanzen sind nur zu einer bestimmten Saison verfügbar. Genauso spielt die Art der Zubereitung eine Rolle. Für Auberginen etwa gibt es allein in der Türkei über 400 bekannte Rezepte.

Knapp 24 l Olivenöl
verspeiste eine durchschnittliche Person 2021 in San Marino. Das ist fast 1 l in 2 Wochen. Damit ist San Marino das Land, in dem pro Person am meisten Olivenöl konsumiert wird.

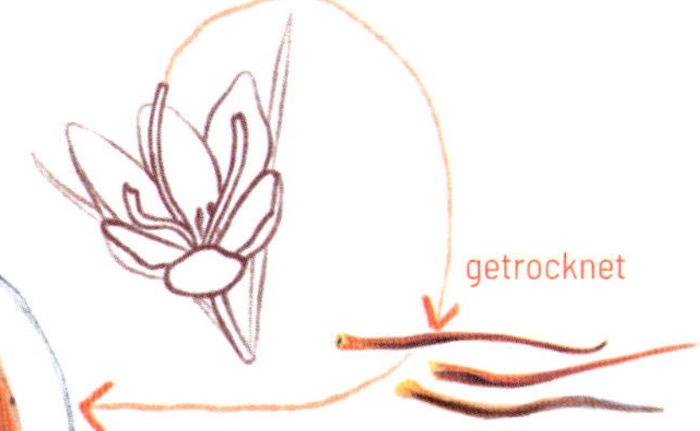

Bouillabaisse, eine französische Suppe mit Meeresfrüchten, ist aus der Armut geboren: Die Reste des Tagesfangs wurden in Meerwasser gekocht und mit Olivenöl und Knoblauch abgeschmeckt. Heute ist Bouillabaisse ein Gericht aus der *haute cuisine*, der Gourmetküche. Es wird mit Safran verfeinert.

Safran

Die Narben entstammen der Blüte von *Crocus sativus*, einer natürlich mutierten Krokusart der ägäischen Inseln. Aus biologischer Sicht sind die Blüten dieses Krokus überflüssig, denn sie können keine Samen produzieren. Die Pflanze vermehrt sich nur durch die Bildung neuer Zwiebeln. Doch in der Küche sind die roten Narben schon seit 3600 Jahren eine Raffinesse. Der Name Safran leitet sich vom Arabischen *za'frān* ab, denn im frühen Mittelalter war der Handel damit in nordafrikanischer Hand. Übersetzt bedeutet Safran „das Gelb", weil er Beilagen wie Reis gelb einfärbt.

Akkoub

Die Blütenköpfe der distelähnlichen *Gundelia tournefottii* werden vor der Blüte abgeschnitten. Sind sie erst von den Stacheln befreit, werden sie gekocht oder frittiert und schmecken ähnlich wie Artischocken. Die Wildpflanze wächst auf den felsigen Hügeln des Maschreks. Im zeitigen Frühling beginnt die Blütenbildung. Dann durchwandern Menschen die Landschaft und sammeln Blütenköpfe für ihren eigenen Kochtopf, oder um sie auf den Märkten zu verkaufen.

Kaffee

Das allseits beliebte Getränk haben die Osmanen im 16. Jhd. im Mittelmeerraum eingeführt. In dieser Zeit entstand auch die Kaffeehauskultur. In der Türkei und den Ländern Südosteuropas kocht man heute wie damals Kaffee in kleinen Kupferkannen. Manchmal wird er mit regionalen Gewürzen wie Mastix oder Kümmel verfeinert.

Im italienischen Bologna gibt es eine Eis-Universität. Dort dreht sich alles um die Eisherstellung.

Gelato al Pistacchio

Die Eissorte ist eine Spezialität aus Sizilien. Dort, rund um den Vulkan Ätna, ist das italienische Hauptanbaugebiet der Pistazien. Auf dem vulkanischen Boden gedeihen die Bäume gut und die Pistazien haben eine besonders hohe Qualität. Auf Sizilien kommen sie nicht nur ins Eis, sondern auch auf Pizza, in Nudelsaucen, als Füllung in süße Croissants und in frittierte Reisbällchen namens *Arancini*. Der Pistazienbaum kommt ursprünglich aus dem Maschrek, wird aber schon seit der Antike auf Sizilien kultiviert.

Auberginen stammen aus dem asiatischen Raum.

Fenchel

Die Pflanze ist im Mittelmeerraum heimisch und wild wachsend. Fast alle Pflanzenteile sind verwendbar. Die Knolle wird als Gemüse zubereitet. Junge Blätter, Samen und sogar der süße Blütenpollen geben Suppen, Salaten, Fisch und Tee die nötige Würze. Zudem ist Fenchel eine Heilpflanze.

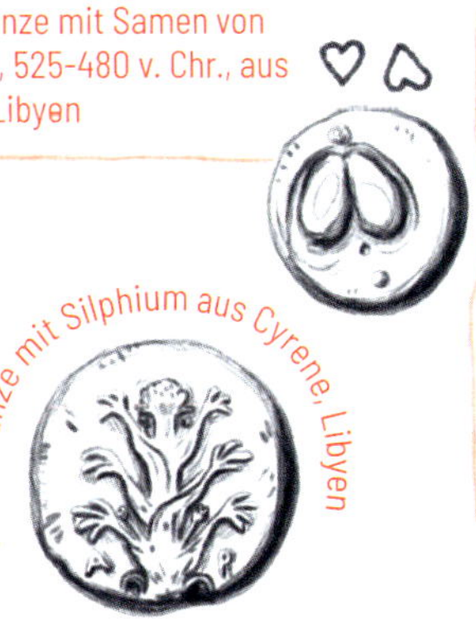

Silbermünze mit Samen von Silphium, 525-480 v. Chr., aus Cyrene, Libyen

Silbermünze mit Silphium aus Cyrene, Libyen

Vor rund 2000 Jahren wuchs in einem schmalen Küstenstreifen Nordafrikas eine fenchelähnliche Pflanze: Silphium. All ihre Teile wurden genutzt: Als Lebensmittel, Medizin, bei Erektionsstörungen und zur Verhütung. Die damaligen Griechen und Römer verbanden Silphium eng mit Sexualität und Liebe, ihre Samen sollen Inspiration für die Herzform gewesen sein. Umso erstaunlicher, dass wir diese Pflanze heute nicht mehr kennen. Möglicherweise ist Silphium ausgestorben. Das kann am Klima liegen: In den letzten 1000 Jahren wurde Nordafrika immer trockener. Oder die Menschen ernteten zu viel. Es wird vermutet, dass die Pflanze eine Kreuzung zweier Wildfenchelarten war und sich nur über ihre Wurzeln ausbreiten konnte, nicht aber durch Samen. Das würde erklären, weshalb die Anbauversuche der Griechen scheiterten.

Der ewige Baum

Manche definieren den Mittelmeerraum über das Verbreitungsgebiet des Olivenbaums.

Kaum eine Pflanze ist so sehr mit dem Mittelmeerraum verwachsen wie der Olivenbaum. Der Anbau hat eine uralte Tradition. Wie sehr Olivenbäume in die Kulturen eingebunden sind, zeigen verschiedenste Geschichten, Bräuche, Kunstwerke und alte Funde.

Blätter für den Pharao

Im Ägypten der Pharaonen wuchsen keine Olivenbäume, das Öl wurde von Handelnden aus der Levante gebracht. Verwendet wurde Olivenöl zum Kochen, für Medizin und Parfums, die im alten Ägypten einen hohen Stellenwert hatten. Der Pharao Tutanchamun schmückte sich mit Blütenkränzen, in denen die Blätter von Olivenbäumen eingeflochten waren. Solche Kränze wurden auch auf seinen Särgen gefunden.

Bei den olympischen Spielen der Antike wurde den Gewinnern ein Kranz aus geflochtenen Olivenzweigen überreicht.

Die Vereinten Nationen, kurz UN, ist eine Organisation zur Sicherung weltweiten Friedens. Sie wurde nach dem 2. Weltkrieg gegründet und fast alle Länder sind dabei. Das Logo der UN ist eine Weltkarte, eingerahmt von Olivenzweigen. Ein Zeichen des Friedens.

Die Taube mit dem Olivenzweig

Es gibt eine alte Geschichte, die in verschiedenen Versionen und von verschiedenen Religionen erzählt wird. Sie handelt von einer großen Flut und einem Schiff voller Tiere: der Arche Noah. Noah erfährt von seinem Gott, dass eine Flut kommen wird, in der alles untergeht. Er erhält den göttlichen Auftrag, die Tierarten zu retten. Dazu baut Noah ein großes Schiff, die Arche. Von jeder Tierart dürfen ein Männchen und ein Weibchen die Arche besteigen, genauso wie Noah und seine Familie. Die Flut kommt und alles versinkt, doch die Passagiere der Arche sind sicher. Wochenlang treibt das Schiff umher, bis Noah eine Taube aussendet, die nach Land Ausschau halten soll. Und tatsächlich, nach mehreren vergeblichen Flügen kommt die Taube zurück, mit einem Olivenzweig im Schnabel. Ein Hinweis darauf, dass sich die Flut zurückzieht.

Dieses Graffiti einer Friedenstaube ist vom bekannten Künstler Banksy. Es ziert eine Hauswand im palästinensischen Betlehem. Damit thematisiert Banksy die andauernden Konflikte zwischen Israel und den Palästinensischen Gebieten.

Das Öl aus den Olivenkernen ist das wichtigste Produkt des Olivenanbaus.

Für die Palästinensischen Gebiete ist Olivenöl das wichtigste landwirtschaftliche Exportgut. Sie erwirtschaften damit sogar mehr als Israel.

Der Baum, aus dem Legenden sind

Die wahrscheinlich ältesten Olivenbäume der Welt wachsen in einem kleinen Hain im Libanon. Sie tragen sogar noch Früchte. Laut Legende sind dies die Bäume, von denen Noahs Taube einen Zweig gepflückt und zur Arche gebracht hat. Daher heißen sie *die Schwestern Oliven von Noah*. Nicht immer lässt sich das Alter von Bäumen genau bestimmen, so auch nicht bei den Schwestern Oliven von Noah. Ihr Alter wird auf bis zu 6000 Jahre geschätzt.

Der Olivenbaum wächst schon seit Urzeiten im Mittelmeerraum. Fossile Funde von Olivenblättern aus der Region sind bis zu 60.000 Jahre alt.

Athene noctua
Der lateinische Name des Steinkauzes weist die Verbindung zur Göttin Athene.

Schon auf antiken Münzen aus Athen sind ein Kauz und ein Olivenzweig geprägt. Diese beiden sind die Symbole von Athene, der Schutzgöttin Athens. Auch die heutigen griechischen Euromünzen tragen diese Motive.

Olivenbäume gehören zu den wenigen Pflanzen, die sich auch an trockenen Hängen und auf felsigem Böden kultivieren lassen.

Der Baum der Weisheit

Platon, ein antiker griechischer Gelehrter, gründete einst in Athen eine Akademie, um junge Männer zu unterrichten. Über die Jahrhunderte blieb nicht viel von dieser Akademie, bis auf einen alten Olivenbaum. Ihm wurde nachgesagt, der Baum zu sein, unter dem Platon zu seiner Zeit lehrte. 1976 raste plötzlich ein Bus in den Olivenbaum und entwurzelte ihn. Versuche, ihn wieder zum Anwachsen zu bringen, scheiterten. Ein Teil des Stamms wurde in die Landwirtschaftliche Universität von Athen gebracht, wo er ausgestellt ist. An der Stelle des alten Baumes von Platon wächst heute ein neuer. Und mit ihm die Hoffnung auf viele junge kluge Köpfe, die die Welt verändern.

Friedenssymbole auf der Flagge

Auf der zyprischen Flagge sind die Insel und zwei Olivenzweige dargestellt. Sie symbolisieren das friedliche Zusammenleben der griechischen und der türkischen Bevölkerung auf Zypern. Obwohl im nördlichen Inselteil seit 1974 türkische Soldaten stationiert sind und sich seitdem eine Grenze über Zypern zieht, wurde die Symbolik der Flagge nicht abgeändert.

Ewig alte Zeiten

Lange ist es her, dass Menschen in kleinen Holzschiffen über das Mittelmeer segelten, attischen Dialekt oder aramäisch sprachen und Pistazienharz gegen Papyrus tauschten. Heute nennen wir sie Ägypter, Phönizier, Griechen und Römer. Sie waren nicht die Ersten auf dem Meer, doch sie legten den Grundstein für Ideen, Geschichten und Bauwerke, die teils bis heute geblieben sind.

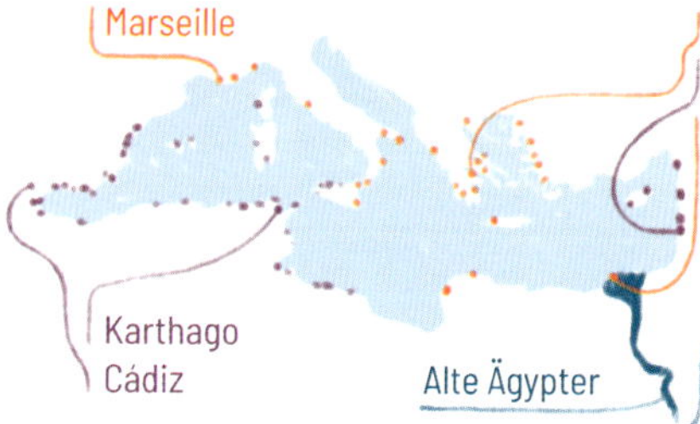

ca. 3032 – 332 v. Chr.

Alte Ägypter

Das alte Reich war stark auf den Nil bezogen und von Landwirtschaft geprägt. Es wurde von Pharaonen regiert – göttliche Herrschende. Sie ließen riesige Bauwerke errichten, etwa die Pyramiden. Das erforderte viele Arbeitende in der Verwaltung und noch mehr auf den Baustellen und in der Lebensmittelproduktion. Die Ägypter entwickelten landwirtschaftliche Techniken, Wissenschaften und Handwerkskunst, die großen Einfluss im Mittelmeerraum hatten.

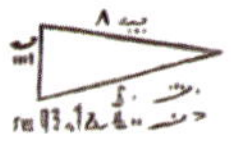

Fast **3.600 Jahre** alt ist der Rhind-Papyrus, der umfangreichste mathematische Text dieser Zeit, der noch erhalten ist.

Um 1000 v. Chr. war Akko an der Küste des heutigen Israel ein ägyptischer Stützpunkt. Die dortigen Söldner wurden *Peleschet* genannt: „Fremder“. Daher kommt der Landesname Palästina.

Da es am Nil an Bauholz mangelte, handelten die Phönizier ihre Zedern mit Ägyptern. Auch die Särge des Pharaos Tutanchamun waren daraus.

Die Zeder ist heute als Nationalbaum auf der libanesischen Flagge.

Tyre ist eine der ältesten permanent bewohnten Städte der Welt. Heute ist sie die viertgrößte Stadt des Libanon mit 200.000 Einwohnenden. Der Großteil davon sind Geflüchtete aus Palästina.

ca. 3000 – 300 v. Chr.

Phönizier

An der Levanteküste gab es mehrere miteinander vernetzte, eigenständige Städte wie Tyre, Byblos, Arwad und Sidon. Ein begehrtes Gut der Region war violette Farbe, die aus Meeresschnecken hergestellt wurde. Wegen diesem Purpur, *phoínix* im Griechischen, wurden die dortigen Menschen *Phönizier* genannt. Sie selbst sahen sich aber nur bedingt als zusammengehörig. Auf der Suche nach Rohstoffen und Handelspartnern fuhren sie zur See und gründeten Siedlungen.

Unter den Phöniziern waren hervorragende Seefahrer, die ihr Handelsnetz bis in den äußersten Westen des Mittelmeers und nach England ausdehnten.

Den Phöniziern wird nachgesagt, als Erste den afrikanischen Kontinent umsegelt zu haben. Um die Fähigkeiten der Phönizier zu beweisen, stach 2008 eine Gruppe Abenteuerlustiger mit dem Nachbau eines phönizischen Schiffes in See, um Afrika zu umsegeln. Die Expedition gelang - phönizische Seefahrende könnten tatsächlich die Ersten gewesen sein.

Die Römer nannten sie Dido.

Es war einmal die phönizische Prinzessin Elissa, die aus Tyre fliehen musste. Am heutigen Golf von Tunis angekommen, versprach ihr der dortige Nomadenkönig so viel Land, wie sie mit einer Ochsenhaut umspannen könne. Elissa schnitt die Haut in dünne Streifen und legte sie wie eine Kette um einen Hügel herum. Der König ärgerte sich ob ihrer Klugheit, gab ihr aber den Hügel, worauf sie und ihre Begleiterinnen eine Stadt bauten: Karthago.

Für ihre Bibliothek stahlen die Alexandriner sogar Schriften aus Athen.

Über **20 m hoch** ist die aus einem einzigen Stein gehauene Pompeiussäule.

332 – 30 v. Chr.

Alexander der Große eroberte Ägypten und ließ an der Küste eine neue Stadt bauen: Alexandria. Als Bindeglied zwischen dem ägyptischen Inland und dem Mittelmeer gewann sie schnell an Einfluss. Hier verschmolzen griechische, ägyptische und jüdische Einflüsse und es entstand ein Zentrum der Wissenschaften. Die damals gegründete Bibliothek von Alexandria ist bis heute bekannt. Die Sammlung soll 532.800 Schriftrollen umfasst haben.

Im Osten der Stadt entstand die erste große jüdische Siedlung am Mittelmeer. Hier wurden religiöse Texte vom Hebräischen ins Griechische übersetzt.

Alexandria war die neue Hauptstadt Ägyptens. Es regierten keine ägyptischen Pharaonen mehr, sondern mazedonische Herrschende, die Ptolemäer. Sie waren sehr weltoffen und griechisch geprägt. Cleopatra war eine von ihnen. Sie war die letzte Herrscherin Ägyptens, bevor die Römer das Land einnahmen.

In der Bibel werden die Phönizier als „Prinzen der Meere“ erwähnt. Die Geschichte von Jona und dem Wal spielt auf einem phönizischen Schiff.

Die Phönizier entwickelten den Kiel, was die Schiffe zu den stabilsten ihrer Zeit machte.

Mitunter **45 t** Fracht konnte ein Handelsschiff laden.

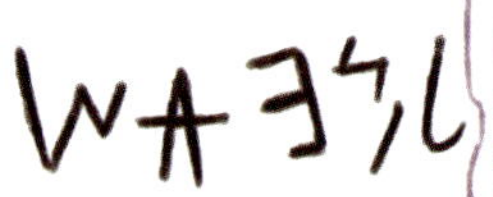

Ihre Geschäfte zeichneten die Phönizier auf. Dafür verwendeten sie eine Buchstabenschrift, die zur Grundlage des hebräischen, griechischen, lateinischen und arabischen Alphabets wurde.

Waren wurden getauscht oder bezahlt mit Barren aus Silber oder Kupfer und später auch mit Münzen. Das Silber zur Münzherstellung kam aus dem heutigen Spanien, wo die Phönizier Städte wie Cádiz gründeten.

Heute sind nur noch Ruinen übrig. Die Hafenanlage ist versandet, lässt sich aber noch erkennen.

814 – 146 v. Chr.

Viele neue Niederlassungen nannten die Phönizier einfach *Qart Hadascht*, „Neustadt“. So auch das im heutigen Tunesien gelegene Karthago. Die Siedlung wuchs rasch zum Zentrum eines eigenen Handelsnetzes. Sie war die größte und reichste Stadt ihrer Zeit im Mittelmeerraum mit einer riesigen Flotte aus 200 Handelsschiffen und 220 Kriegsschiffen.

Im fruchtbaren Umland Karthagos gediehen Unmengen an Getreide. Der Handel damit brachte großen Wohlstand.

Die Griechen lernten Geometrie von den Ägyptern.

Die Seefahrenden trafen auf ihren Fahrten stets neue Leute, denn der gesamte Mittelmeerraum war bewohnt. Menschen hatten unterschiedliche Lebensstile und Religionen und waren in verschiedensten Gesellschaften organisiert. Dass wir heute nicht so viel über sie wissen, beruht auch auf einem alten Vorurteil. Über Jahrhunderte hinweg galten Ägypter, Griechen und Römer als überlegen, andere wurden von der Forschung vernachlässigt. Den Grundstein für diese falsche Annahme legten schon griechische Gelehrte, die fremde Völker oft als „wild" und „unzivilisiert" bezeichneten.

Griechische Laokoon-Gruppe

Die römischen Eroberer waren begeistert von griechischer Kunst. Sie raubten Hunderte Skulpturen und schifften sie in ihre Hauptstadt. Viele dieser Werke sind heute in den Vatikanischen Museen.

In Rom befindet sich der Vatikan, der Sitz der römisch-katholischen Kirche. Die Glaubenskonfession hat im östlichen Mittelmeerraum ihre Wurzeln.

ca. 800 v. Chr. – 30 v. Chr.

Griechen

Die Menschen, die heute als antike Griechen bekannt sind, sahen sich nicht als geeintes Volk. Sie lebten in Städten wie Korinth, Mykene, Athen und Sparta und bekriegten sich phasenweise. Sie teilten aber eine Sprache, Religion und Lebensweise, segelten über das Meer, gründeten neue Niederlassungen und handelten.

In Athen entstanden erste Formen der Demokratie: Es durften aber nur einheimische Männer der Oberschicht an der Politik teilhaben. Auch das Verhältnis zu den verbündeten Städten war eher imperial als demokratisch: Sie hielten ihre Verbündeten klein und in Abhängigkeit.

Geschätzte

80.000 Besuchende

fanden im *Colosseum* Platz, dem größten Amphietheater der römischen Zeit. Heutige Sportstadien sind daran angelehnt.

1 Million Menschen

lebten damals in Rom, dem Zentrum des antiken römischen Reiches. Heute ist Rom die Hauptstadt Italiens und die bevölkerungsreichste Stadt des Landes mit rund 2, 7 Millionen Menschen.

600 v. Chr.

Die Phokaier, Griechen aus der heutigen Türkei, gründeten den Ort Massalia - heute Marseille. Von hier aus pflegten sie Kontakte zu keltischen und iberischen Völkern.

Rom und Karthago führten über 120 Jahre lang immer wieder Krieg gegeneinander, heute bekannt als die drei Punischen Kriege. Ihre Seeschlachten waren die schrecklichsten der Antike - Zehntausende Menschen starben. Schlussendlich zerstörten die Römer Karthago, vertrieben die Bewohnenden und bauten die Stadt neu auf. Rom hatte gesiegt. Das Einflussgebiet Karthagos gehörte nun zum Römischen Reich.

Römer

509 v. Chr. – 476 n. Chr.

Ursprünglich eine Stadtrepublik im Inland, erweiterten die Römer ihr Gebiet durch Kriege und Eroberungen. Sie waren eine Militärmacht mit gut ausgebildeten Kämpfern. Auch gegen die Karthager zogen sie in die Schlacht und mauserten sich währenddessen von einer Land- zur Seemacht mit eigener Flotte. Kurz nach ihrem gewaltigen Sieg über die Karthager begann der römische Feldzug gegen die Griechen.

Phönizische und griechische Seefahrende sahen sich immer wieder mal als Konkurrenten und kämpften um Buchten und Handelsposten. Sie pflegten aber auch einen regen Austausch.

Die älteste in Karthago gefundene Keramik stammt aus Euböa in Griechenland.

Die Ruderer der Kriegsschiffe waren oft Sklaven, die an ihre Plätze angekettet wurden. Sank das Schiff, gingen die Ruderer mit ihm unter, da sie sich nicht befreien konnten.

Es dauerte 116 Jahre, bis die Römer den gesamten Mittelmeerraum und mehr erobert hatten. Ihre Kriegsflotte sicherte die Seewege und die Piraterie nahm ab. Über 200 Jahre lang strömten Waren, Menschen und Ideen relativ problemlos durch das Reich. Ein einheitliches Verwaltungssystem fand Einzug, überall wurden Städte nach römischem Vorbild ausgebaut und mit Straßen verbunden. Der Mittelpunkt war Rom: eine multikulturelle Stadt mit Einflüssen der hellenischen Kultur aus Griechenland, ägyptischen Gottheiten und dem jüdischen Glauben.

Eine phönizische Erfindung zur Seekriegsführung war der Rammsporn aus Bronze. Damit konnten gegnerische Schiffe versenkt werden. Griechen und Römer übernahmen diese Waffe.

Möglicherweise funktionierte das römische Reich deshalb so gut, weil schon Jahrhunderte zuvor Phönizier und Griechen Kontakte knüpften zu Völkern im gesamten Mittelmeerraum.

Die Römer strebten nach Herrschaft. Manche Menschen tolerierten sie, andere wurden unterdrückt, auch mit Gewalt. Einheitlich war das Mittelmeer auch damals nicht: Verschiedene Bräuche und Lebensformen, Religionen und Sprachen existierten weiter.

Das Wort „Sklave" kommt vom lateinischen *Sclavus*: Viele Menschen, die zu römischen Zeiten versklavt wurden, waren Slawen.

Das römische Reich war über Jahrhunderte hinweg immer wieder Vorbild für Herrschende.

Noch heute gibt es Reste von antiken Schiffen, die während der Punischen Kriege gesunken sind. Die Wracks sind geschichtlich und biologisch interessant: Auf einem karthagischen Rammsporn wurden 114 Arten von Tieren und Algen nachgewiesen. Viele davon bildeten Kalkhüllen, die nach ihrem Tod erhalten blieben und allmählich von anderen überwachsen wurden. Anhand der Kalkhüllen lassen sich die Tiere bestimmen, womit Forschende die Entstehung koralliner Habitate verstehen.

Furcht vor den Fluten

Das Meer kann friedlich sein und furchteinflößend. Gerade im Winter jagen unberechenbare Stürme über das Mittelmeer und gewaltige Wellen türmen sich auf. Seit sich die Menschen auf die See trauen, haben sie auch Angst vor den Naturkräften. Zu den Schrecken des Meeres gibt es verschiedene Legenden und tröstende Vorstellungen.

Phönizische Silbermünze mit einem Kriegsschiff und einem Hippokamp aus dem 4. Jhd. v. Chr. aus Byblos.

Jona und der Wal

Die hebräische Bibel erzählt von Jona. Er erhielt den göttlichen Auftrag, der Stadt Ninive den Untergang vorherzusagen. Jona wollte das nicht und floh auf ein Schiff. Gott schickte einen schrecklichen Sturm, das Schiff drohte zu kentern und Jona wurde über Bord geworfen. Ein großer Wal näherte sich und verschlang Jona in einem Stück. Im Bauch des Wals bettelte er seinen Gott um Gnade an und tatsächlich - nach drei Tagen spuckte ihn der Wal am Strand von Ninive aus. Jona war erleichtert. Er führte seinen Auftrag aus und prophezeite den Menschen der Stadt ihr baldiges Ende. Die Menschen bekamen Angst: Sie legten ihre schlechten Gewohnheiten ab und beteten zu Gott. Der vergab ihnen und Ninive blieb bestehen.

Dieses Gefäß aus Ischia wurde um 725 v. Chr. gefertigt und zeigt, wie ein Schiffbrüchiger von einem Hai gefressen wird.

Darstellung einer Haiattacke von 1560 aus Rom.

Poseidon

Er war der griechische Gott des Meeres, der auf einem Hippokamp reitet und Seeleute beschützt. In etlichen Hafenstädten standen Tempel zu seinen Ehren. Vor der Abreise und nach sicherer Überfahrt brachten Menschen Opfergaben für Poseidon. Oft waren das kleine Schiffsmodelle.

Priapos

Figuren des Gottes standen in den Weinbergen und Gärten der Römer, wo er mit seiner Schürze voll Früchten für Fruchtbarkeit und reiche Ernten sorgen sollte. Priapos galt als Erfolgsbringer, weshalb ihm auch Handelnde, Seefahrende und Fischende huldigten.

332 v. Chr. eroberte Alexander der Große Ägypten. Dabei befiehlt er den Bau einer neuen Stadt an der Mittelmeerküste: Alexandria. Gesehen hat er die Stadt nie, er starb wenige Jahre später.

Serapis

Der Kult um Serapis geht auf einen ägyptischen Herrscher mit griechischem Hintergrund zurück: Ptolemaios I Soter. Seine Hauptstadt war das neu gegründete Alexandria. Die Stadt war ein wichtiger Knotenpunkt im Handelsnetz mit Asien und über 700 Jahre lang ein kulturelles und intellektuelles Zentrum. In dieser Stadt mischte sich die auf den Nil bezogene Kultur Ägyptens mit den Vorstellungen der seefahrenden Griechen. Um seine Herrschaft zu stärken, ersann Ptolemaios einen griechisch aussehenden Schutzpatron für die Stadt, der die Eigenschaften der ägyptischen Götter Osiris und Apis vereinte. So entstand Serapis. Er und die ägyptische Göttin Isis sollten Seefahrende schützen und Schiffbrüchige retten. Mit der Eroberung durch die Römer verbreiteten sich die beiden Gottheiten im ganzen Mittelmeerraum.

Das Getreidefass symbolisiert die Fruchtbarkeit Karthagos.

Vor ca. 2500 Jahren nutzten Karthager eine Höhle auf Ibiza als Weiheort für Tanit. Bis heute bringen Menschen kleine Gaben für die Göttin dorthin, denn auf der spanischen Insel ist sie immer noch lebendig. Heute gilt sie als Göttin, die Liebende entzweit.

Tanit

Sie war die wichtigste Göttin der karthagischen Seefahrenden. Ihre Symbole schmückten Ruder, Anker und Schiffsrümpfe. Die Seeleute führten auf ihren Reisen Weihrauchgefäße mit und verbrannten duftende Gaben für ihre Göttin.

Heute ist der Sägefisch im Mittelmeer ausgestorben.

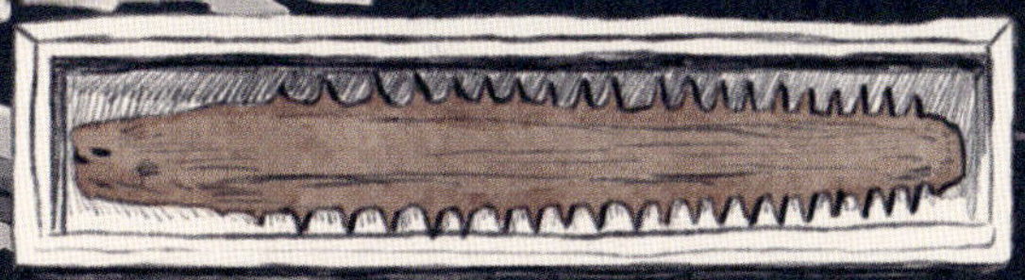

Die Votivgabe

1573 segelte ein Schiff von Neapel nach Sizilien und geriet in einen fürchterlichen Sturm. Das Schiff lief voll Wasser und drohte zu sinken. Da rief die christliche Besatzung zur Heiligen Jungfrau: Das Unwetter legte sich und ihr Schiff leckte nicht mehr. Als die Leute in Sizilien an Land gingen, bemerkten sie einen großen Sägefisch, der mit seinem Körper einen Spalt in der Schiffswand abdichtete. Sie schnitten das Rostrum, den sägeähnlichen Vortsatz am Kopf des Tieres ab. Zum Dank für ihre glimpfliche Überfahrt gaben sie es der Basilica del Carmine Maggiore in Neapel. Dort ist es bis heute.

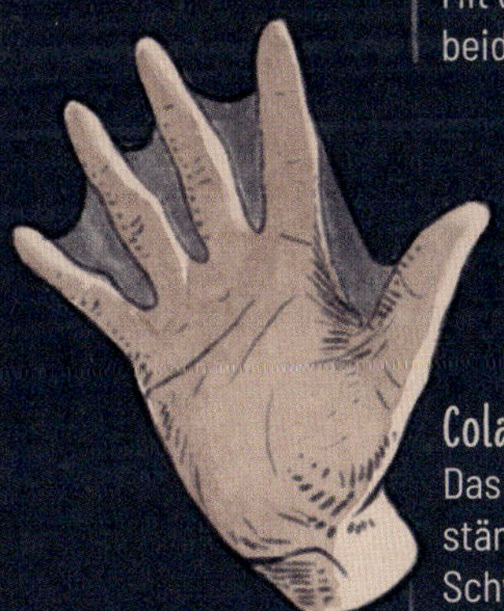

Cola Pesce

Das sizilianische Märchen handelt vom jungen Nikolaus, kurz Cola, der ständig in den Wellen badete. Von seiner Mutter verflucht wuchsen ihm Schwimmhäute und ein Froschmaul: Er lebte nun gänzlich im Meer. Cola konnte tauchen wie ein Fisch und sah die bezaubernde Welt unter Wasser. Die Nachricht vom Jungen, der im Meer lebte, sprach sich rum bis zum König. Der war von Neugier getrieben und bat Cola, er solle um Sizilien herum schwimmen und das Meer für ihn erkunden. Cola tat dies und berichtete, dass die Insel auf drei Säulen stand, und dass es bei Punta del Faro so weit in die Tiefe ging, dass er den Meeresboden nicht sehen konnte. Der König wollte wissen, was sich dort unten verbarg und befahl Cola, hinunterzutauchen. Cola folgte. Erst Tage später kam er zurück: Cola hatte einen riesigen, menschenfressenden Fisch in der Tiefe gesehen, der es ihm unmöglich machte, bis zum Grund zu tauchen. Der König aber war besessen zu wissen, wie tief das Meer an dieser Stelle war. Er wies Cola erneut an, zu tauchen. Der junge Cola verweigerte, er hatte Angst. Da warf der Herrscher seine kostbare Krone ins Meer bei Punta del Faro und Cola sollte sie zurückbringen. Cola fühlte sich seinem König verpflichtet, er tauchte. Und kam nie wieder an die Oberfläche.

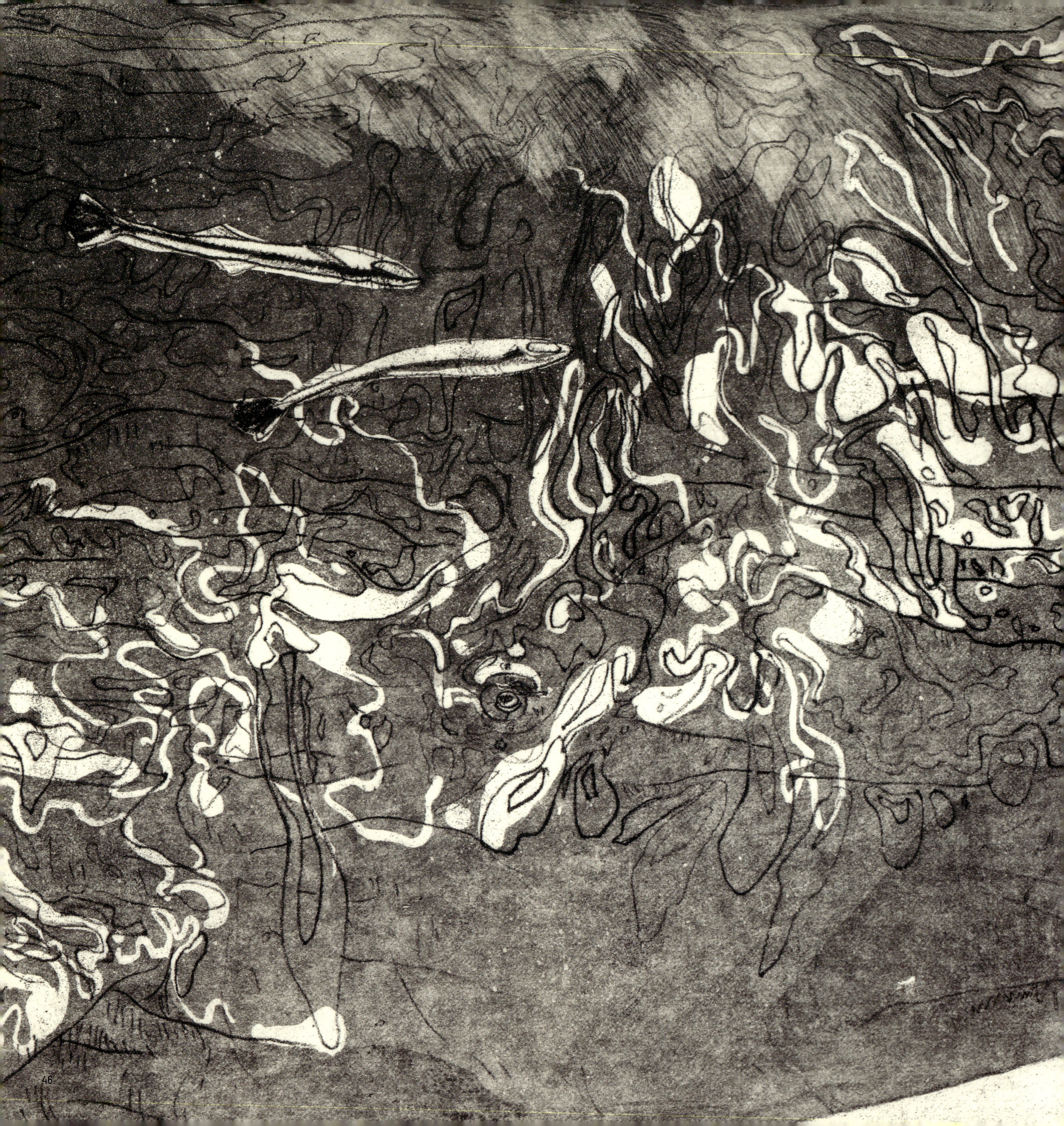

0,20 - 4 m dick kann das Fundament des Koralligens sein. Es ist ein kompaktes Gebilde aus Kalkschalen vergangener Algen und Tiere.

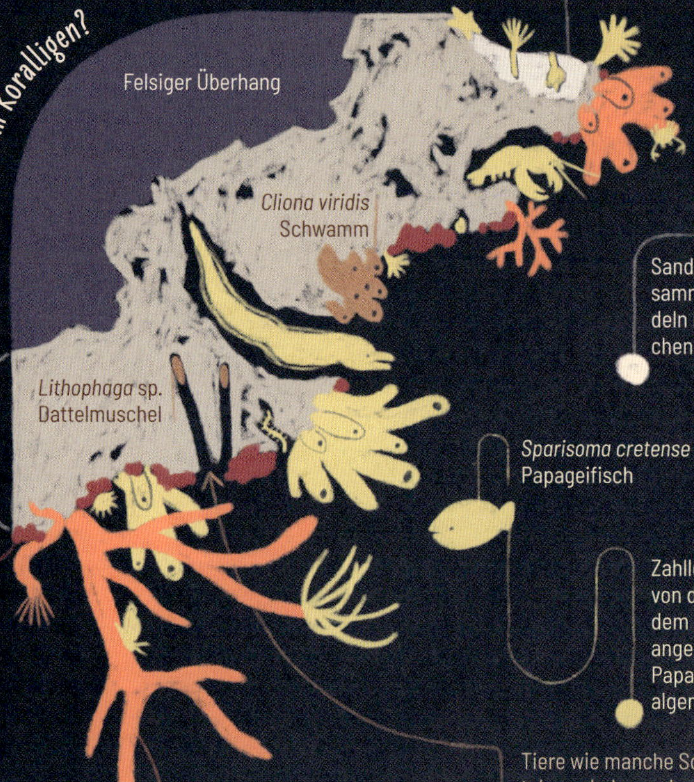

Mesophyllum spp.
Diese Rotalgen bilden Kalkkrusten. Das ist eine ideale Basis für Tiere, die sich darauf ansiedeln.

Etliche Tiere bilden Kalkgehäuse, wie Korallen. Sie stabilisieren und erweitern das Koralligen.

Sand und Sedimente sammeln sich. Hier siedeln Lebewesen, die weichen Grund bevorzugen.

Sparisoma cretense
Papageifisch

Zahllose Tierarten werden von den Verstecken und dem Nahrungsangebot angelockt. So auch der Papageifisch, der Kalkalgen frisst.

Tiere wie manche Schwämme oder Dattelmuscheln sondern Säure ab, mit der sie Löcher und Mulden im Kalkgebilde entstehen lassen. Das Koralligen zerklüftet und neue Arten finden Platz.

Antedon mediterrranea
Der Haarstern setzt sich zeitweise auf Gorgonien fest, um von einem erhöhten Platz aus Plankton zu fangen. Verschlechtern sich die Bedingungen an einer Stelle, lässt sich der Haarstern mit der Strömung treiben, um sich andernorts niederzulassen.

Conger conger
Der Meeraal kann bis zu 3 m lang werden und gehört zu den größten Aalen der Welt. Tagsüber verbirgt er sich in tiefen Spalten, die er auch mit Muränen teilt.

Reteporella grimaldii
Der Neptunschleier ist ein Moostierchen.

Anthias anthias
Mittelmeer-Fahnenbarsch

Im Korallenwald

Über **1.700** verschiedene Tiere und Algen aus dem Koralligen sind bekannt.

An dämmrigen Felsgründen verbirgt sich eine Besonderheit des Mittelmeers: Das Koralligen. Die Gemeinschaft aus Algen und Tieren ist einer der artenreichsten Lebensräume.

Ein komplexes Gebilde

Das Koralligen ist kein Korallenriff, ähnelt ihm aber stark. Es ist eine Biokonstruktion und hauptsächlich von Kalkalgen gebaut. Die Algen bilden dünne Kalkkrusten und überwachsen damit die Felsen. Auf dieser ersten Schicht Kalk siedeln dann verschiedene Tiere wie Korallen, Schwämme und Moostierchen. Zusammen formen sie komplexe koralline Gebilde. Einige Arten zerstören die Kalkhüllen wieder: Es entstehen Mulden, Spalten und Höhlen. Darin verstecken sich Tiere oder es sammeln sich Sedimente und Sand. Eine besonders vielseitige Umgebung entsteht, in der unterschiedlichste Arten zusammenkommen. Das Koralligen gibt es nur im Mittelmeer: Im Halbdunkel von Überhängen, marinen Höhleneingängen und in Tiefen bis 150 m.

Paramuricea clavata
Die Farbwechselnde Gorgonie kann einen Farbverlauf haben oder auch komplett tiefrot sein. Sie wird bis zu 1 m hoch.

Wie Bäume unter Wasser

Die sich weit verzweigenden Gorgonien gehören zu den Hornkorallen. Sie leben nur an Orten mit einer stetigen, starken Strömung. Dort bilden Gorgonien richtige Wälder und stabilisieren den Untergrund. Im Dickicht ihrer Verästelungen finden viele Tiere Schutz. Gorgonien können ihre Umgebung verändern und neuen Lebensraum schaffen, deshalb sind sie Ökosystem-Ingenieure.

Scyliorhinus stellaris
Der Großgefleckte Katzenhai befestigt seine Eier an Gorgonien oder Seegras, wo sie stets von frischem Wasser umspült werden. Die Eihülle, die nach dem Schlüpfen übrig bleibt, wird auch *Meerjungfrauenbörse* genannt.

Leptopsammia pruvoti
Gelbe Steinkoralle
Parazoanthus axinellae
Gelbe Krustenanemone
Halocynthia papillosa
Seescheiden sind die einzigen Tiere, die den Pflanzenstoff Cellulose in ihren Körperzellen haben.
Phorbas tenacior
Blauer Krustenschwamm
Aplysina cavernicola
Der Gelbe Mittelmeer-Schwamm lagert Gifte in seinem Gewebe ein. Das schreckt hungrige Tiere ab, schützt vor Pilzen und Bakterien und unterdrückt das Wachstum anderer Tiere im Koralligen. Zudem sorgen die Gifte für die gelbe Färbung.
Corallium rubrum
Das rote Kalkskelett der Edelkoralle wird zu Schmuck verarbeitet.
Smittina cervicornis
Geweih-Moostierchen
Zeus faber
Der Petersfisch ist nach dem christlichen Apostel Petrus benannt. Laut Legende stammt der schwarze Fleck am Fischkörper vom Daumen des Apostels.
Serpula vermicularis
Bunter Kalkröhrenwurm
Flabellia petiolata
Das Blatt der Fächeralge stirbt im Herbst ab und treibt im Frühjahr neu aus.
Simnia spelta
Gorgonien-Porzellanschnecke
Inachus phalangium
Anemonen-Gespenstkrabbe
Balssia gasti
Garnele
Marionia blainvillea
Junge Schnecken sind durchscheinend weiß und entwickeln erst mit dem Heranwachsen ihre bunte Färbung. Wahrscheinlich bleiben die Farbstoffe der gefressenen Gorgonien in ihrem Körper.

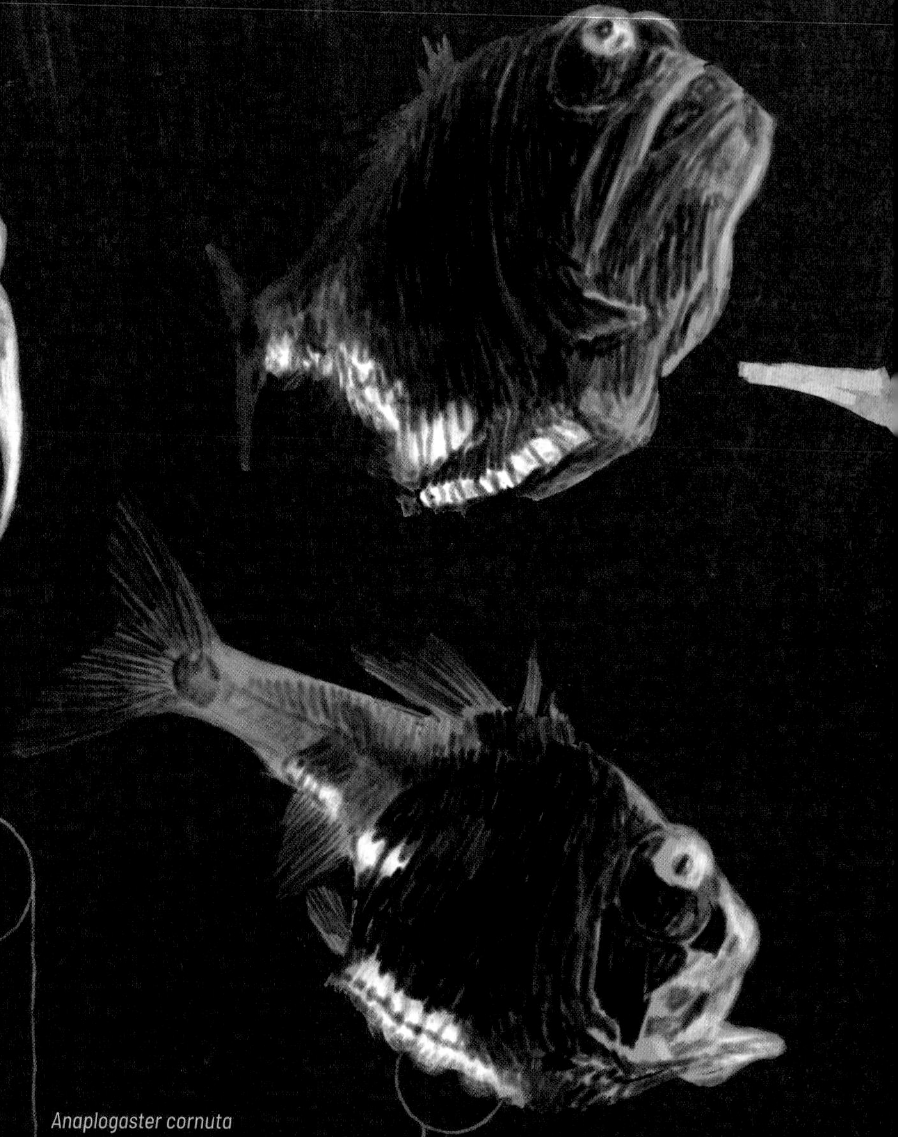

Über **1 cm** lang sind die Fangzähne.

Anaplogaster cornuta
Der Fangzahnfisch frisst, was er schnappen kann, denn in der Tiefsee ist die Auswahl spärlich. Dieser Raubfisch ist nicht besonders groß, rund 15 cm lang. Seine namensgebenden Zähne sind im Verhältnis zur Körpergröße die längsten Fangzähne aller Meeresfische.

Argyropelecus hemigymnus
Der Beilfisch hat kleine Leuchtorgane an der Bauchunterseite. Diese ahmen genau die gleiche Lichtstärke nach, die von der Oberfläche in die Tiefe dringt. Von unten betrachtet wird der Beilfisch dadurch unsichtbar. Jäger, die aus der Tiefe kommen, können den Fisch nicht sehen.

Lichtlose Weiten

Geschätzte **2.800** Tierarten leben in der Tiefsee. Davon sind uns erst ca. 34 % bekannt.

Die Tiefsee ist der größte Lebensraum des Mittelmeeres und zugleich der unbekannteste. Für Menschen ist es sehr schwer, dorthin vorzudringen, wo es kein Sonnenlicht gibt und der Druck der umgebenden Wassermassen enorm ist. Darum sind die meisten Lebewesen, Unterwasserlandschaften und geologischen Dynamiken der Tiefsee vor uns Menschen noch immer im Dunkel verborgen wie ein Geheimnis.

Mitunter bis zu **900 m** dringt das Restlicht der Sonne in die Tiefe vor. Für Pflanzen und Menschen ist das aber viel zu wenig.

Von irgendwo kommt ein Lichtlein her

Die Tiefsee beginnt dort, wo es dunkel ist – zu dunkel für Lebewesen, die Fotosynthese betreiben. Das ist von Ort zu Ort unterschiedlich, aber ein grober Wert für den Beginn der Tiefsee liegt bei etwa 200 m unterhalb der Meeresoberfläche. Dort ist es stockfinster - zumindest kommt es uns Menschen so vor. In der Dämmerlichtzone zwischen 200 und 1000 m wohnen etliche Tiere, die mit dem Restlicht exzellent sehen können. Und sie können fast alle auch selbst leuchten.

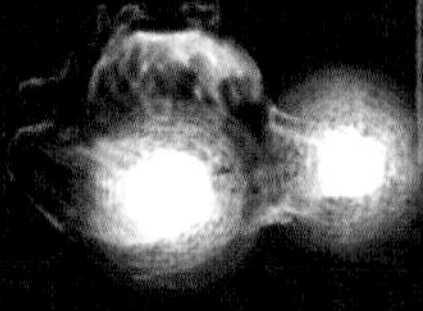

Ab nach unten

Der tiefste Punkt im Mittelmeer ist das Calypsotief im Hellenischen Graben vor Griechenland. Zweimal haben Menschen diesen Ort besucht. Erst bei der zweiten Tauchmission im Jahr 2020 konnte die exakte Tiefe gemessen werden. Dabei wurde auch Plastikmüll im Calypsotief gesichtet.

5.109 m unter dem Meeresspiegel liegt das Calypsotief.

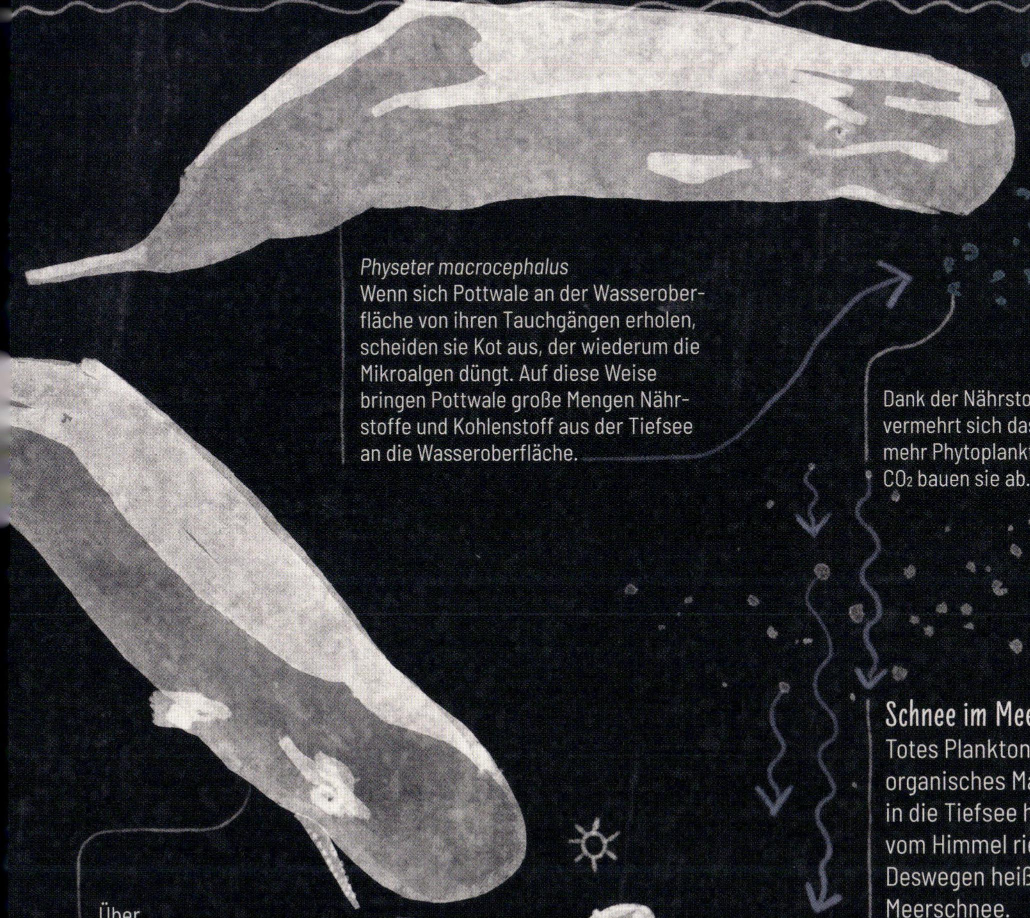

Physeter macrocephalus
Wenn sich Pottwale an der Wasseroberfläche von ihren Tauchgängen erholen, scheiden sie Kot aus, der wiederum die Mikroalgen düngt. Auf diese Weise bringen Pottwale große Mengen Nährstoffe und Kohlenstoff aus der Tiefsee an die Wasseroberfläche.

Dank der Nährstoffe aus der Tiefe vermehrt sich das Phytoplankton. Je mehr Phytoplankton es gibt, umso mehr CO_2 bauen sie ab.

Gäste aus der Tiefe

Nachts kommen viele Tiere der Tiefe an die Wasseroberfläche, um zu fressen. Ihnen folgen große Jäger wie der Sechskiemerhai. Sobald der Tag anbricht, wandern alle aber wieder hinab an den Ort der ewigen Finsternis. Denn die Dunkelheit bietet ihnen Schutz.

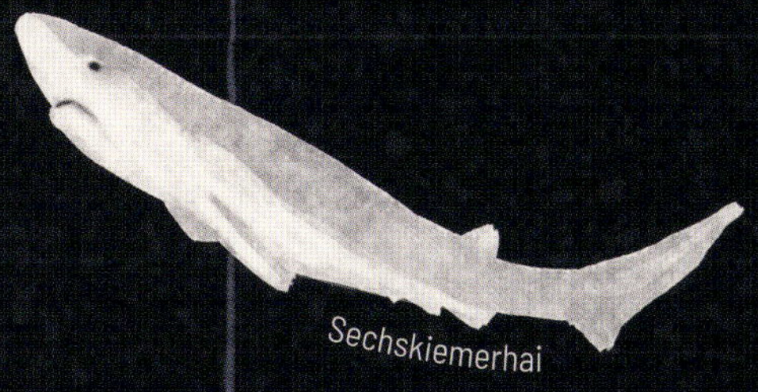

Schnee im Meer?

Totes Plankton und anderes organisches Material sinkt langsam in die Tiefsee hinab, ähnlich wie vom Himmel rieselnder Schnee. Deswegen heißen die Partikel auch Meerschnee.

Nur ca. **1 %**
des Meerschnees kommt am Grund an. Die dortigen Lebewesen sind komplett von ihm abhängig. Sie wachsen langsam und können sehr alt werden, solange sie nicht Opfer der Grundschleppnetzfischerei werden.

Über
1000 m tief
tauchen Pottwale in die Gräben und Canyons des Hellenischen Grabens hinab. Dort jagen sie vor allem Kalmare. Es wurden aber auch schon tote Wale gefunden mit Mägen voll Müll. Einmal verschluckt, bleibt Plastikmüll ein Leben lang im Verdauungstrakt des Tieres und kann diesen verstopfen.

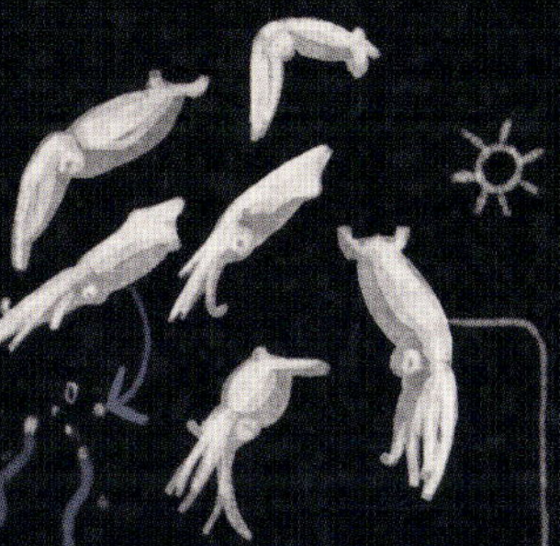

Tiefseetiere, die zwischen den Meerestiefen wandern, haben eine wichtige Rolle bei der Einlagerung von Kohlenstoff im Meeresboden: Was sie nachts an der Meeresoberfläche fressen, verdauen sie und scheiden es in der Tiefsee wieder aus. Sie bringen also Nährstoffe und Kohlenstoff von oben tief hinunter. Davon profitieren etliche andere Lebewesen. Und der Kohlenstoff erreicht schneller den Meeresboden, wo er sich ablagert.

50 - 1000 m
in die Tiefe können Grundschleppnetze reichen. Es ist die zerstörerischste Fischereimethode mit bis zu 60 % Beifang.

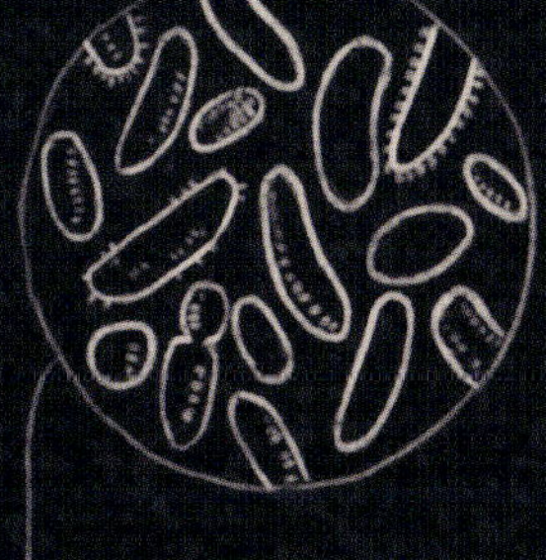

Manche Bakterien können sogar Erdöl zersetzen, das über poröse Stellen am Meeresboden austritt.

Über **1 Milliarde**
Bakterien leben in jedem Millimeter Tiefseesediment.

Das größte Kohlenstofflager der Welt

Am Grund der Tiefsee sieht es oft aus wie ausgestorben. Doch der Eindruck trügt: Im Meeresboden wimmelt es nur so von Bakterien! Sie zersetzen den abgelagerten Meerschnee und wandeln CO_2 aus dem Wasser um in organischen Kohlenstoff, der sich im Meeresboden eingelagert und dort Jahrtausende bleibt - außer, er wird durch die Grundschleppnetze der industriellen Fischerei wieder freigesetzt: Die Netze werden mit schwerem Gerät über den Meeresboden gezogen, was die Sedimente aufwühlt und den Kohlenstoff wieder freisetzt. Jährlich setzen Grundschleppnetze weltweit etwa genauso viel CO_2 frei wie der Flugverkehr. Und unter den 10 Ländern mit den höchsten Emissionen dieser Art sind auch Italien, Frankreich, Kroatien und Spanien.

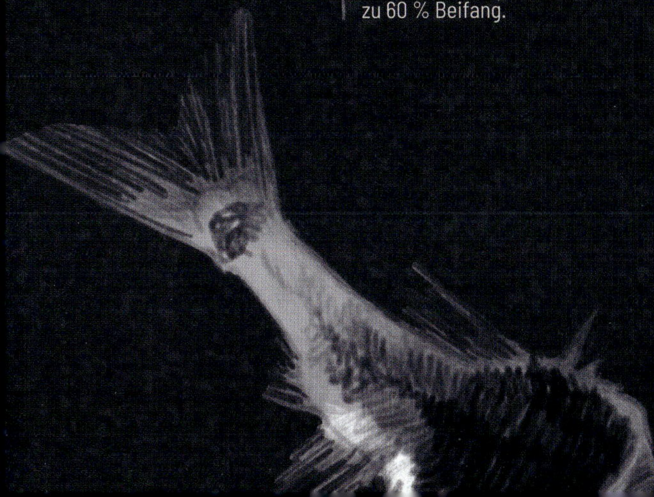

Brühend heiße Giftmischung

Hydrothermale Schlote heißen die kaminähnlichen Gebilde, die heißes Wasser speien. Sie entstehen am Rand tektonischer Platten tief unten am Meeresboden.

Im heißen, sauren Wasser sind Gase, Minerale und Schwermetalle. Für die meisten Lebewesen ist dieses Wasser giftig.

An den Schloten lagern sich Mineralien und Schwermetalle ab: Gold, Eisensulfid, Kupfer, Blei, Quecksilber und Cadmium.

Hier leben Bakterien, die sich erst bei Temperaturen um 100 °C wohlfühlen.

Wie entstehen hydrothermale Schlote?

Über Spalten und Risse sickert Wasser teils kilometertief in die Erdkruste.

Vom Magma wird das Wasser auf 400 °C erhitzt. Es schwemmt Minerale und Schwermetalle aus dem Gestein.

Das heiße, angereicherte Wasser schießt über einen Schlot an die Oberfläche und mischt sich mit dem kalten Meerwasser. Die Minerale lagern sich ab, bilden Schlote und Krusten.

Lamellibrachia anaximandri
Die Röhrenwürmer leben in völliger Dunkelheit, umspült von giftigem Wasser. Hier gibt es nichts für sie zu fressen. Dass sie in dieser scheinbar lebensfeindlichen Umgebung trotzdem gut gedeihen, verdanken sie besonderen Bakterien.

Die Bakterien leben als Endosymbionten im Gewebe der Würmer.

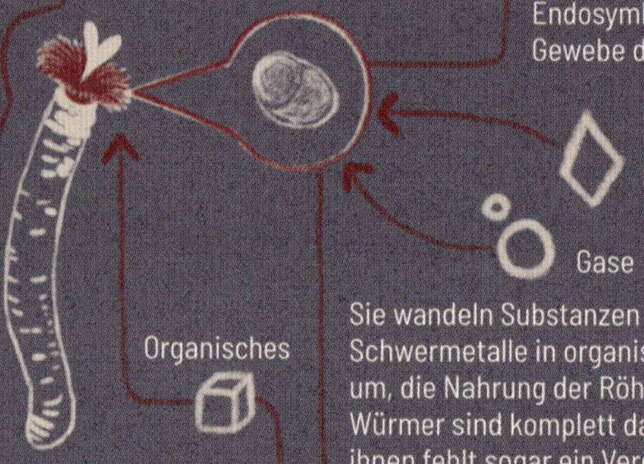

Sie wandeln Substanzen wie Gase und Schwermetalle in organisches Material um, die Nahrung der Röhrenwürmer. Die Würmer sind komplett davon abhängig – ihnen fehlt sogar ein Verdauungstrakt, mit dem sie andere Nahrung verdauen könnten.

Blubbernde Treibhausgase

Aus kalten Sickerstellen blubbern Gase wie giftiger Schwefelwasserstoff, Methan und CO_2. In der Luft sind sie Treiber der Klimaerwärmung, aber an den Sickerstellen des Meeresbodens bilden diese Gase die Grundlage für einzigartige Lebensgemeinschaften.

Unzählige Bakterien leben von Methan, Schwefelwasserstoff und CO_2, die aus hydrothermalen Schloten und kalten Sickerstellen dringen. Die Mikroben kommen so zahlreich vor, dass sie gelbliche Beläge am Boden bilden.

Höllenschlote und Feuerberge

Am Mittelmeer ist der Boden in Bewegung, besonders im Osten. Hier schiebt sich die tektonische Platte Afrikas unter die Eurasische. Als Folge bilden sich tiefe Gräben, Berge, Vulkane und heiße Quellen. Das Naturgeschehen ist faszinierend und gefährlich: Bei Erdbeben in Italien, Marokko, in der Türkei und Syrien wurden Städte zerstört und Tausende Menschen starben unter den Trümmern.

Mit rund **2,5 cm** pro Jahr schiebt sich die Afrikanische Platte unter die Eurasische.

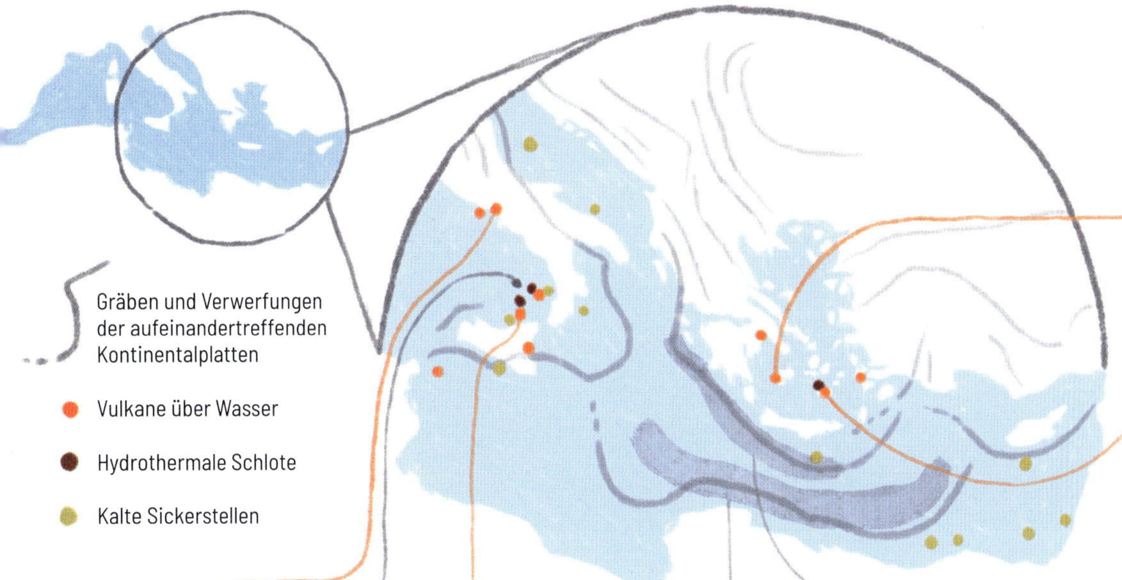

- Gräben und Verwerfungen der aufeinandertreffenden Kontinentalplatten
- Vulkane über Wasser
- Hydrothermale Schlote
- Kalte Sickerstellen

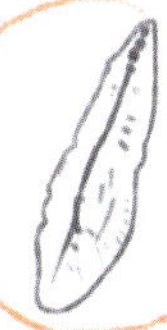

Milos

Die Insel besteht aus einem alten Vulkan, dessen Lava zu Obsidian wurde. Die Menschen der Steinzeit schätzten Obsidian und nutzen das Gestein für ihre Klingen. Vor 8.000 Jahren bauten sie warscheinlich Boote aus Schilf, um damit nach Milos zu fahren und Obsidian zu sammeln.

Santorini

Der Archipel mit 5 Inseln ist eine vom Meer geflutete Caldera, ein kesselartiger Vulkankrater. Die spektakuläre Kulisse ist ein Grund, weshalb so viele Kreuzfahrtschiffe im Archipel Halt machen. Zur Hauptsaison besichtigen rund 80.000 Menschen die Caldera. Dann wird der kleine Hafen von Santorini zu einem der überlaufensten der Welt.

Marsili

Der größte Vulkan der Mittelmeerregion liegt unter Wasser.

Mittelmeer-Rücken

Das unterseeische Gebirge ist das am schnellsten wachsende weltweit. Hier wird die Kraft der tektonischen Platten besonders deutlich.

Hellenischer Graben

Hier befindet sich der tiefste Punkt des Mittelmeers: das Calypsotief.

Vesuv

Der einzige Vulkan des europäischen Festlandes ruht seit 1944. Das heißt aber nicht, dass die Gefahr vorbei ist: Der Vesuv kann jederzeit erneut ausbrechen. Besonders bekannt ist der Ausbruch von 79 n. Chr., als 4 römische Orte zerstört und unter teils 20 m dicken Schichten aus Asche und Steinen begraben wurden. Einer davon war Pompeji. Im vulkanischen Material blieb etliches erhalten: Straßen und Gebäude, prächtige Wandmalereien, Fässer für Fischsauce genauso wie die Reste von Menschen und Tieren, die nicht schnell genug geflohen sind.

Stromboli

Ständig, manchmal im Abstand von nur wenigen Minuten, spuckt der Stromboli Schlacke, Asche und Lava. Er ist der aktivste Vulkan des Mittelmeeres. Der Sage nach leben dort 2 antike Götter: Vulkanus, Herrscher des Feuers, und Äolus, Gebieter der Winde, der ohne Pause um den Vulkan bläst. Manchmal weht es so heftig, dass tagelang keine Schiffe anlegen können.

Ätna

Der größte überseeische Vulkan des Mittelmeerraumes ist ca. 3.300 m hoch. Zeitweise ist er eingescheit und wird zum Wintersportgebiet. Der Ätna ist schon sehr lange aktiv: Die älteste Aufzeichnung über seine Aktivität entstand vor 3500 Jahren. Seitdem ist er über 200-mal ausgebrochen.

Die Zyklopeninseln sind Felsen vor Aci Trezza auf Sizilien. Sie bestehen aus erkalteter Lava.

Inselwelten

Laut Internationalem Seerecht ist eine Insel eine natürliche Erhebung, die auch bei Flut aus dem Wasser ragt. Was sie von Felsen unterscheidet, ist die Möglichkeit, sie zu bewohnen: Auf Inseln können Menschen leben, auf Felsen nicht. Das klingt simpel, ist aber nicht immer klar genug, um ein Stück Land im Meer zu kategorisieren. Auch über Satellitenbilder lassen sich die vielen Eilande nicht zählen. So kommt es, dass die genaue Zahl der mediterranen Inseln und Felsen immer noch unbekannt ist.

Geschätzt etwa

10.000

Inseln und Felsen gibt es im Mittelmeer.

206 Inseln

sind größer als 10 km².

Die Île d'if vor Marseille war von 1540 bis 1914 eine Gefängnisinsel. Die Anlage gibt es immer noch.

Die Uskoken waren Piraten des 16. Jhds. Ursprünglich flohen sie vor den Osmanen, die immer mehr Gebiete Südosteuropas eroberten. Im schlecht kontrollierbaren osmanischem Grenzland begannen sie, als Piraten venezianische Schiffe zu überfallen. Dabei boten ihnen die vielen Inseln ideale Verstecke.

Piratenburg der Uskoken in Senj

Mycteroperca marginatus

Port-Cros und die umgebenden Eilande stehen seit 1963 unter Schutz: Es ist der erste Nationalpark Europas, der Land und Meer umfasst. Das zahlt sich aus: Um die Inseln herum ist die höchste Zackenbarschkonzentration der Welt.

Die Insel Korsika gehört zu Frankreich. Die Menschen dort haben eine eigene Sprache und Kultur - und viele auch den Wunsch, sich politisch mehr von Frankreich zu lösen. Das äußert sich mitunter in gewaltvollen Demonstrationen.

Auf Montecristo leben verwilderte Ziegen. Durch ihre lange Isolation haben sie besondere genetische Merkmale und sind für die Forschung interessant.

Rund

25.000 Pflanzenarten

wachsen im Mittelmeerraum. Über die Hälfte ist endemisch - sie gibt es nur hier. Und viele davon sind einzig auf wenige bestimmte Inseln beschränkt.

Kleine feine Welt

Inseln sind ganz besondere Orte: Teils abgeschieden, teils in ständigem Kontakt mit dem Festland, hat jede Insel ihre eigenen Charakteristiken entwickelt. Manche beherbergen Tiere und Pflanzen, die es nur dort gibt. Andere zeichnen sich aus durch einzigartige Geschichte, Bräuche und Kulturen ihrer Bevölkerung. Aufgrund der begrenzten Größe und des sensiblen Gleichgewichts der Natur sind Inseln aber auch sehr von Umweltveränderungen betroffen.

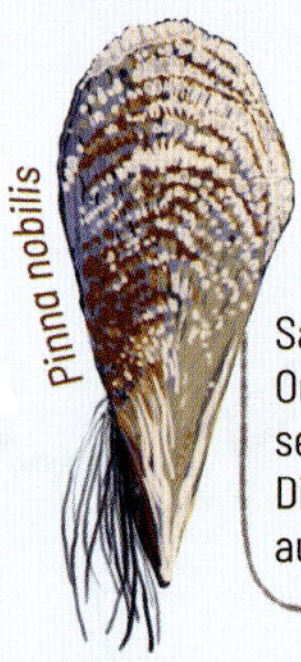

Pinna nobilis

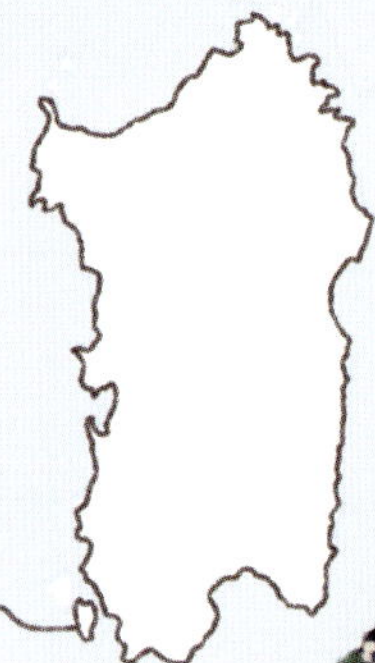

Sant'Antioco ist der letzte Ort, an dem noch Muschelseide verarbeitet wird. Dieses Handwerk ist fast ausgestorben.

Naufraga balearica

Die Pflanze wächst nur an einem kleinen Küstenstreifen Mallorcas. Sie reagiert sehr sensibel auf Trockenheit und Hitze, ihre Population wird immer kleiner und sie ist akut vom Aussterben bedroht.

Ab 1400 v. Chr. bauten die Bewohnenden Sardiniens steinerne Türme, *nuraghi*, die bis heute zu Tausenden erhalten sind.

Mit

25.460 km²

ist Sizilien die größte Mittelmeerinsel.

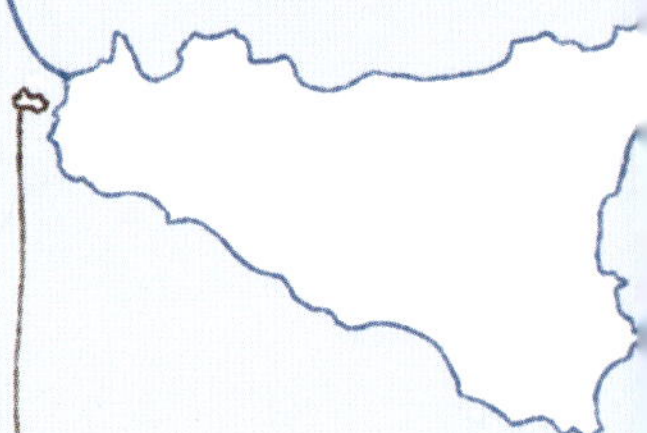

Die algerischen Habibas-Inseln bestehen aus Vulkangestein.

Algier ist die Hauptstadt Algeriens. Der arabische Name *el-Djazaïr* bedeutet „Die Inseln" und kommt von den 4 Felsen, die einst im Meer vor der Stadt lagen. Nach und nach wurden sie mit dem Festland verbaut und sind jetzt Teil Algiers.

Die tunesischen Kerkennah-Inseln ragen nur wenige Meter aus dem Meer. Der klimawandelbedingte Meeresspiegelanstieg ist hier eine akute Gefahr: Salzwasser flutet flache Teile und sickert ins Grundwasser. Felder und Palmenhaine können nicht mehr bewässert werden und sogar die einmalige Fischereitechnik von Kerkennah, die *Charfia*, leidet durch die Klimaerwärmung.

Eingeschleppte Arten, ob Pflanzen oder Tiere, sind ein Hauptgrund für den Verlust von Biodiversität auf Inseln.

Neu auf dem Eiland

Gelangen neue Tierarten wie Ratten oder Katzen auf kleine Inseln, bringen sie das Ökosystem durcheinander: Sie verdrängen und jagen heimische Tiere, was bis zu deren Aussterben führen kann. Ähnlich ist es mit Mäusen, Hasen und Ziegen, die übermäßig Pflanzen und Samen fressen. Daher werden immer wieder Versuche unternommen, eingeschleppte Arten auszurotten, um die einzigartige Natur der Inseln zu retten.

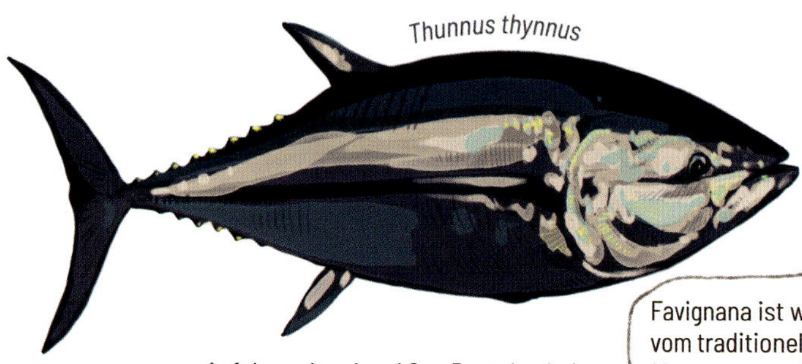

Thunnus thynnus

Auf der nahen Insel San Pantaleo haben bereits die Phönizier Thunfische gefangen und mit dem Salz der umliegenden Salinen konserviert.

Favignana ist wie kaum ein anderer Ort vom traditionellen Thunfischfang, der *Mattanza*, geprägt. Sie ist Hauptbestandteil der örtlichen Kultur. Zeitweise lebte die gesamte Inselbevölkerung vom Fang und der Verarbeitung des Thunfischs.

Numenius tenuirostris

Das libysche Farwa ist eine 13 km lange Sandbank, die bei Ebbe mit dem Festland verbunden ist. Es ist ein wichtiges Rast- und Überwinterungsgebiet für Zugvögel, wie etwa den akut vom Aussterben bedrohten Dünnschnabel-Brachvogel.

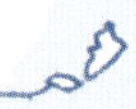

Urva auropunctata

Der Goldstaubmungo wurde im 20. Jhd. auf kroatischen Inseln ausgesetzt, weil er Schlangen frisst. Er sollte die dortige giftige Hornotter ausrotten. Der Mungo jagt aber auch andere Reptilien, Vögel, Frösche und kleine Säugetiere und deren Zahlen gehen zurück, während er sich in Südosteuropa immer weiter ausbreitet. Mittlerweile gilt der Mungo als eines der wilden Raubtiere mit den schlechtesten Auswirkungen auf die Biodiversität.

Aus
89 Inseln
besteht der kroatische Kornati-Archipel. Es ist die dichteste Inselgruppe des Mittelmeeres.

Zur heutigen Türkei gehören nur zwei Ägäisinseln: Gökçeada und Bozcaada. Alle anderen sind griechisch. Die Verteilung der Inseln entschied sich nach dem 1. Weltkrieg 1918: Das damalige Osmanische Reich, aus dem später die Türkei hervorging, hatte den Krieg verloren und konnte keine Besitzansprüche stellen. Die Zugehörigkeit der Inseln ist bis heute ein Konfliktpunkt zwischen Griechenland und der Türkei. Beide Länder wollen ihre Ansprüche auf Inseln und Meeresgebiete in der Ägäis ausweiten.

Waldbrände können die Natur auf Inseln schnell und dauerhaft verändern. So auf dem griechischen Thassos: Zwischen 1984 und 2018 verbrannte ein Großteil des Waldes. In der Folge trocknet das Land aus und Regen schwemmt die Erde weg.

Vor 1984 waren 60 % der Insel bewaldet. Weniger als 20 % blieben übrig.

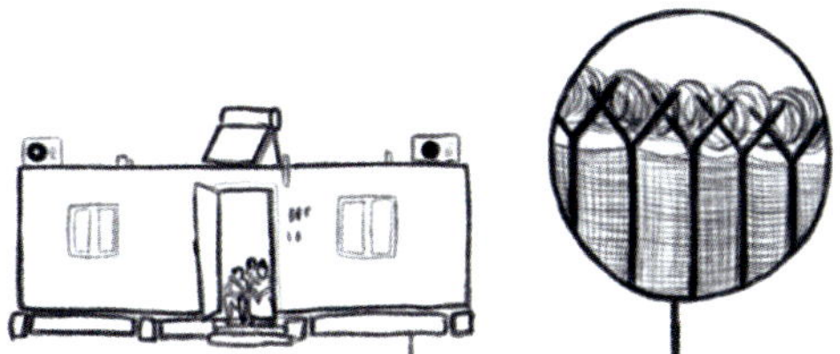

Wohncontainer

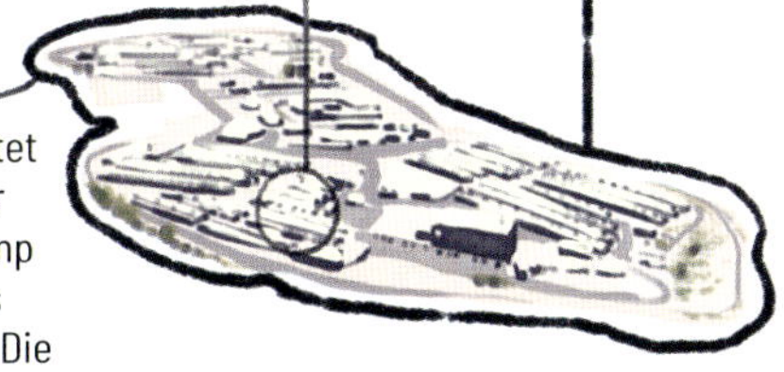

Das Flüchtlingslager Moria auf Lesbos war eingerichtet für höchstens 3000 Personen – zeitweilig lebten aber bis zu 20.000 hier. Im Sommer 2020 brannte das Camp fast komplett ab. Die neu gebauten Lager auf Lesbos und Samos werden oft mit Gefängnissen verglichen: Die Menschen dort werden streng überwacht und dürfen nur eingeschränkt die Lager verlassen.

Korallenbänke sind vor allem aus den tropischen Meeren bekannt, es gibt sie aber auch im Mittelmeer. Die größten liegen vor der kroatischen Insel Mljet und in der Bucht der spanischen Illa Grossa.

Cladocora caespitosa

Ishulli i Stilit ist ein albanisches Eiland und war bis 1992 militärisches Sperrgebiet.

Gökçeada

Bozcaada

Lesbos

Samos

So klein war das Zypern-Zwergflusspferd.

Einst lebten Zwergformen von Elefanten und Flusspferden auf den größeren Inseln wie Sizilien, Malta, Kreta, Mallorca und Zypern. Gegen Ende der Eiszeit starben sie alle aus, bis auf das Zypern-Zwergflusspferd. Es wurde wohl später von den ersten Menschen ausgerottet, die vor rund 10.000 Jahren nach Zypern kamen.

Malta ist das Land Europas, in dem Menschen der LGBTQ-Gemeinschaft die meisten Rechte haben.

Auf Zakynthos sind die wichtigsten mediterranen Strände zur Eiablage der Unechten Karettschildkröte.

Caretta caretta

Im Frühling 2023 verurteilte der Europäische Gerichtshof für Menschenrechte den Staat Italien, weil er Migrierende auf Lampedusa unwürdig behandelte. Mehr als eine finanzielle Entschädigung für die vier Kläger folgte jedoch nicht.

2006 waren Israel und die libanesische Hisbollah in einen Krieg verwickelt. Israel bombardierte ein libanesisches Kraftwerk und 30.000 t Rohöl flossen ins Meer. Das vergiftete 170 km Küste und auch die geschützten Palmeninseln, ein Rückzugsgebiet etlicher seltener Tiere.

Minoische Ruinen in Knossos

Die Gesellschaft, die ab 7000 v. Chr. auf Kreta lebte, nennen wir heute Minoer. Sie bauten Städte, hatten ihre eigene Schrift und schufen Kunstwerke, die teils bis heute überdauerten. Es waren die ersten uns heute bekannten Menschen, die aktiv das Mittelmeer befuhren und regelmäßig mit Ägypten handelten.

Phoenix theophrasti

Am Strand von Vaï wächst der größte natürliche Palmenhain Europas. Die dortigen Kretischen Dattelpalmen gibt es heute nur an wenigen Orten auf Kreta, an der türkischen Küste und möglicherweise auf ein paar Ägäischen Inseln.

Arwad ist eine kleine syrische Insel. Ihr Name kommt von der phönizischen Handelsstadt, die sich einst dort befand. Die heutige Siedlung wird nicht mehr von seefahrenden Handelnden bewohnt, sondern überwiegend von Fischenden. Der Name „Arwad" hat sich aber erhalten.

El Djazaïr – Alger la blanche

132 Jahre lang gehörte Algerien zu Frankreich. Als die Kolonialmacht abzog, hinterließ sie vor allem verbrannte Erde und der spätere Bürgerkrieg ließ noch weniger übrig. Es dauert, alte Strukturen zu überwinden und mit dem Trauma umzugehen. Doch die Menschen kennen ihre Träume und tun sich zusammen, um diese von der Politik einzufordern. Auch wenn dabei immer wieder Gewalt aufflammt, wächst langsam Neues. Denn verbrannte Erde kann sehr fruchtbar sein.

Kasbah
Algier ist die Hauptstadt Algeriens. Ihr altes Herz, die Kasbah, liegt an einem Hang direkt über dem Meer. Bei Sonnenschein reflektieren die Häuser das Licht und die Kasbah erstrahlt. Daher der französische Spitzname *la blanche* – „die Weiße".

Königreich Kastilien

Aus Kastilien, heute spanisches Gebiet, wurden Menschen vertrieben, die muslimische oder jüdische Wurzeln hatten. Viele siedelten in Nordafrika, auch in der Kasbah Algiers. Hier mischten sie sich unter die arabische, osmanische und amazighische Bevölkerung.

Formal gehörte Algier zum Osmanischen Reich, hatte aber große Freiheiten.

Citadelle d'Alger
Die Wehr- und Palastanlage ließ der berühmte Khair al-Din Barbarossa bauen. Er war der erste von vielen Korsarenherrschern Algiers: fähige Seefahrer, die im osmanischen Auftrag christliche Schiffe kaperten, an der Nordküste des Mittelmeers Raubzüge unternahmen und die dortigen Menschen versklavten. Im 18. Jhd. zahlten etliche handelnde Nationen Tribute an die Korsaren, um ihre Schiffe vor Überfällen zu schützen. Darunter waren die USA und die deutsche Hansestadt Hamburg.

Geschätzte

1 - 1,25 Millionen Menschen

aus dem heutigen Westeuropa, überwiegend Männer, wurden zwischen 1530 und 1780 versklavt.

Der Fliegenwedelvorfall

Es passierte am 27. April 1827 in der Citadelle, als der Herrscher von Algier den französischen Gesandten mit seinem Fliegenwedel schlug, weil Frankreich seine Schulden nicht bezahlen wollte. Das empfand der französische König als schwere Beleidigung. 3 Jahre darauf eroberten französische Truppen zuerst Algier, dann die Küste und schließlich das riesige Landesinnere. Frankreich steckte Grenzen ab, führte Staatswesen und Verwaltung ein und gab dem Ganzen einen Namen: Algerien. Von nun an war das Land eine französische Kolonie.

132 Jahre

sollte die französische Kolonialherrschaft dauern. Frankreich betrachtete Algerien aber nicht als Kolonie, sondern als Teil des eigenen Landes und etwa 1 Million Menschen aus Europa siedelten dort.

Fast alle europäischen und Tausende algerische Menschen flohen 1962 nach Frankreich.

Rund **7 Millionen Menschen**

mit algerischem Hintergrund leben heute in Frankreich. Marseille ist eine der Städte, die durch die vielen Zugewanderten ein ganz eigenes Flair entwickelte, wie sich etwa in der Musikszene zeigt.

Helden für die einen, Terroristen für die anderen

Die französische Herrschaft bedeutete für die Menschen Algeriens Unterdrückung, Gewalt und Ausbeutung. Sie leisteten Widerstand und begannen 1954 einen Krieg für ihre Unabhängigkeit. Die Kasbah war dabei ein gutes Versteck. Hier planten Kämpfende ihre nächsten Anschläge auf öffentliche Verkehrsmittel oder Tanzclubs. Am 8. Oktober 1957 bombardierten französische Truppen ein Haus der Kasbah. Darin versteckten sich Ali la Pointe, Hamid und Hassiba Ben Bouali, die den Kampf in Algier anführten und petit Omar, ein Junge, der als Kurier half: Er überbrachte Nachrichten und kam als Kind ungehindert durch die Straßensperren der Kolonialtruppen. Sie alle starben an diesem Tag beim Bombenanschlag. Die Ruine erinnert bis heute an die vier, die zu Helden der Kasbah wurden.

Prison Serkadji
Das Gefängnis wurde von der Kolonialmacht gebaut, um Befürwortende und Kämpfende der algerischen Unabhängigkeit einzusperren. Wer hier landete, hatte oft schon Tage der Verhöre und Folter hinter sich. Schließlich wurden 1956 zwei Gefangene mit der Guillotine hingerichtet - die ersten von insgesamt 58, die während des Krieges auf diese Weise starben. Daraufhin verübten Unabhängigkeitskämpfende mehrere Attentate auf europäische Algerier*innen, darunter Zivilisten. Radikale europäische Gruppen rächten sich: Kaum einen Monat nach der ersten Hinrichtung sprengten sie 4 Häuserkomplexe in der Kasbah: Hunderte Menschen, ganze Familien, wurden unter den Trümmern begraben. Blut wurde mit immer mehr Blut vergolten.

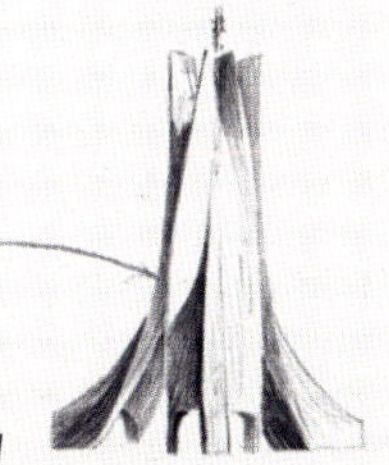

Maqam Echahid
Das Märtyrer-Memorial erinnert an alle Menschen Algeriens, die im Unabhängigkeitskrieg starben.

Rund

400.000

algerische Menschen und 25.000 französische Soldaten starben im 7-jährigen Unabhängigkeitskrieg, dem größten und blutigsten Dekolonisationskrieg weltweit.

Am

5. Juli 1962

wurde Algerien unabhängig.

Kein Ende der Probleme und der Brände

Zum Zeitpunkt der algerischen Unabhängigkeit hatte die Bevölkerung des neuen Staates 132 Jahre Kolonialismus und 7 Jahre Unabhängigkeitskrieg hinter sich. Damit war es nicht vorbei: Im Jahr 1992 stürzte die Militärführung in einen 10-jährigen Bürgerkrieg mit Islamisten, denen die politische Teilhabe verweigert worden war.

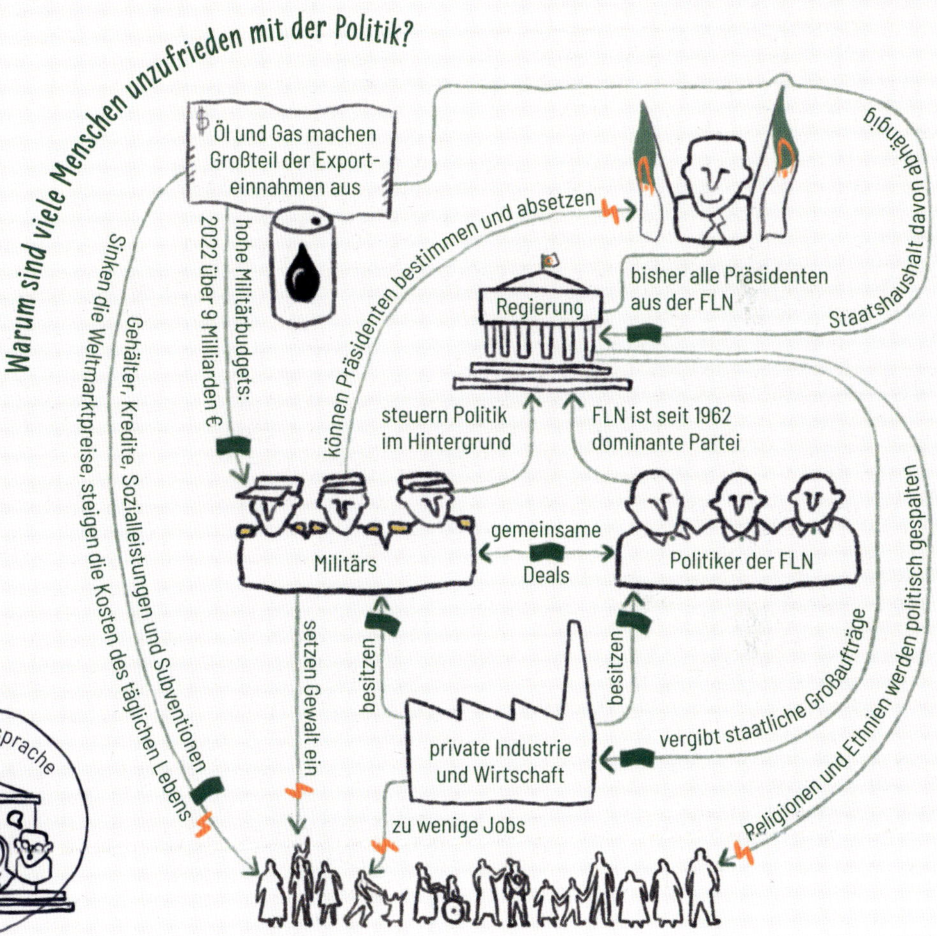

Menschen in Massenbewegung

In der Bevölkerung brodelt es: Sie fordert Lösungen und Änderungen von der Politik. Die Forderungen der Menschen haben sich seit den Protesten von 1988 nicht verändert. Was sich ändert, sind die Proteste selbst: Die Menschen haben aus den vielen Gewalterfahrungen der Vergangenheit gelernt und sammelten sich beim *Hirak* 2019 zu betont friedlichen Märschen. Jung und Alt unterschiedlicher Ethnien und Religionen, Gebildete, Leseunkundige, Feministinnen und Islamisten zogen jeden Freitag geeint durch die Städte und säuberten danach sogar die Straßen. Bis das Corona-Virus dem *Hirak* ein Ende setzte. Die Proteste, die nach dem Ende der Pandemie erneut wuchsen, zerstampften Militär und Polizei mit Massenverhaftungen. Doch die Träume der Menschen bleiben, genauso wie der Wille, diese zu verwirklichen.

Protesterfolge

Proteste 1988
Das Mehrparteiensystem und die Meinungsfreiheit werden eingeführt: 42 neue Parteien und 100 Zeitungen auf Arabisch, Französisch und Tamazight entstehen.

Hirak 2019
Der Langzeitpräsident Bouteflika tritt von seiner Kandidatur zurück.

Arabischer Frühling 2011
Der seit 19 Jahren geltende Ausnahmezustand wird aufgehoben.

Das Unerklärliche

Überall am Mittelmeer finden sich Spuren dreier eng miteinander verwobener Weltreligionen: des Judentums, des Christentums und des Islams. Auch wenn sie in Europa langsam an Bedeutung verlieren, sind die Religionen Teil der Kulturen, der Politik und des Alltags.

Der Glaube

Religionsfreiheit ist ein Menschenrecht. Jede Person darf ihre Religion frei leben, genauso wie sie aus der Glaubensgemeinschaft austreten darf. Den Gläubigen ist ihre Religion ein Leitfaden und gibt Hoffnung. Für Außenstehende ist das schwer zu verstehen. Aber muss es verstanden werden?

Die Bildung

Religiöse Zentren waren auch Orte der Bildung. Es wurden fremde Sprachen gelernt, Schriften übersetzt, Geschehnisse dokumentiert, Himmelskörper beobachtet und Berechnungen für religiöse Anlässe vorgenommen. Die Gläubigen philosophierten und neue Ideen kamen auf. Dabei gab und gibt es immer wieder weltoffene sowie radikale Strömungen.

Der christliche Kalender richtet sich nach der Sonne und beginnt mit der Geburt Jesu vor über 2023 Jahren. Daten werden mit v. Chr. oder n. Chr. angegeben: vor oder nach Christi Geburt. Mittlerweile ist diese Jahreszählung weltweit in Gebrauch. Das hat auch mit christlichen Eroberern und Missionaren aus Europa zu tun, die diese Zählung überall einführten.

Der Davidstern ist ein Symbol des Judentums. Er ist nach dem jüdischen König David benannt, der vor ca. 3000 Jahren in Jerusalem regierte.

Die israelische Flagge trägt den Davidstern.

Der jüdische Gott heißt JHWH. Aus Respekt wird der Name aber nicht ausgesprochen. Stattdessen nennen Gläubige in *Adonaj*, hebräisch für „mein Herr".

Dokumente, die den Namen Gottes enthalten, dürfen nicht einfach weggeworfen werden. Sie kommen in die Geniza, ein Lager in Synagogen. Manchmal geraten diese Räume in Vergessenheit und werden erst lange Zeit später wiederentdeckt. So passierte es auch mit der Geniza in einer Kairoer Synagoge: Dort lagerten mehr als 300.000 Torarollen, Bibeln, Briefe und Notizzettel aus über 1000 Jahren – eine einmalige Zeitkapsel.

Das Judentum gibt es seit über 3000 Jahren. Es ist die erste bekannte Religion, die nur einen Gott verehrt und sie entstand im heutigen Israel und Palästina.

Der jüdische Kalender beginnt im Jahr 3761 v. Chr. Er leitet sich von den Mondphasen ab, beinhaltet aber auch Schaltjahre, um sich an die Sonnenphasen und Jahreszeiten anzupassen.

Jüdische Menschen glauben, dass ihr Messias, der Erlöser, erst noch kommen und sie ins Paradies bringen wird.

Der Tanach, die heilige Schrift des Judentums, ist auch die Grundlage für die Bibel und den Koran.

Sabbatai Zwi war ein jüdischer Prediger im muslimischen Osmanenreich des 17. Jhds. Er nannte sich „König der Könige" und war überzeugt, der Messias zu sein. Zwi fand etliche Anhänger und sorgte für reichlich Aufruhr. Schließlich wurde er vom osmanischen Sultan vor die Wahl gestellt, entweder ein Wunder zu vollbringen oder zum Islam überzutreten: Sabbatai wurde Muslim. Einige seiner Anhänger taten es ihm nach, ohne jedoch ihren jüdischen Glauben aufzugeben. Sie gründeten die Dönme-Sekte, die es bis heute in der Türkei gibt.

Das Christentum ist ca. 2000 Jahre alt und geht auf Jesus zurück. Er zog durch das heutige Israel und Palästina und erzählte den Menschen vom jüdischen Gott. Eine neue Religion gründen wollte er vermutlich nicht.

Das Wort „Bibel" geht auf die Stadt Byblos zurück. Den dortigen Hafen nutzten die seefahrenden Phönizier, um Papyrus aus Ägypten zu importieren. Darauf wurden verschiedene Texte verfasst, so auch für die spätere Bibel.

Das Kreuz ist ein christliches Symbol. Es bezieht sich auf Jesus Christus. Christliche Menschen glauben, dass Jesus der Sohn Gottes ist. Er ist am Kreuz gestorben, um den Menschen die Last ihrer schlechten Taten zu nehmen.

Die römisch-katholische Kirche ist die größte Gemeinschaft des Christentums. Ihr Sitz ist der Vatikan in Rom und ihr Oberhaupt der Papst. Die Päpste sind Nachfolger des Apostels Petrus, dem ersten Bischof Roms und Anhänger von Jesu.

Auf der griechischen Flagge ist ein Kreuz, Ausdruck für die christliche Tradition des Landes.

Christliche Gläubige nennen ihren Gott „Gott". Jede Sprache hat ein eigenes Wort dafür: auf Spanisch heißt es *Dios*, auf Türkisch *Tanrı*, auf Maltesisch *Alla*.

Ramon Llull lebte im 13. Jhd auf Mallorca, das zu dieser Zeit hauptsächlich muslimisch war. Nach einer Vision wurde er Christ und trat in ein Kloster ein. Der gebildete Ramon schrieb über 280 Werke, viele davon auf Katalanisch. Seine Idee war, die Religionen zusammenzuführen: Sie erzählen zwar alle unterschiedliche Geschichten, aber beinhalten die gleichen Botschaften.

Muslimische Gläubige nennen ihren Gott *Allāh*, arabisch für „Gott". Jüdische und christliche Gläubige, die arabisch sprechen, verwenden *Allāh* ebenfalls als Wort für ihren Gott. Der Schriftzug des Wortes *Allāh* ist ein Symbol des Islam.

Arabische Zahlen ١ ٢ ٣ ٤ ٥ ٦ ٧ ٨ ٩ ٠

Europäische Zahlen 1 2 3 4 5 6 7 8 9 0

Die Herrschenden der iberischen Halbinsel spalteten sich 929 ab und gründeten das Kalifat von al-Andalus. Die Stadt Córdoba war das blühende Zentrum des Reiches mit einer riesigen Palastanlage. Hier wurde 960 n. Chr. auch die erste Universität Europas gegründet.

Das indische Zahlenkonzept gelangte über muslimische Handelswege bis al-Andalus. Weil es arabische Gelehrte in Europa einführten, sagen wir dazu „arabische Zahlen".

Ob und wie Muhammed abgebildet werden darf, ist im Islam umstritten. Meist ist deshalb sein Name zu sehen.

Der Islam entstand vor rund 1400 Jahren auf der arabischen Halbinsel. Der Begründer dieser Religion ist Muhammed.

Muslimische Menschen glauben, dass Muhammed der Gesandte Gottes ist. Er hörte seine Worte und ließ sie aufschreiben. Daraus entstand der Koran.

Wenige Jahre nach dem Tod Muhammeds begannen seine Glaubensanhänger mit weitreichenden Eroberungen. Sie nannten sich Kalifen, waren also politische und religiöse Herrscher, die als Nachfolger von Muhammed galten.

Die islamische Jahreszählung richtet sich nach dem Mond und beginnt mit der Auswanderung Muhammeds in die Stadt Medina. Nach christlicher Zählung war das im Jahr 622 n. Chr. Heute wird der islamische Kalender hauptsächlich für die Berechnung religiöser Anlässe genutzt.

Der Koran wurde auf Arabisch verfasst. Sich reimende Verse und die poetische Ausdrucksweise machen es unmöglich, den Koran wortgetreu zu übersetzen.

Die Menora ist ein jüdisches Symbol.

Ostia Antica

Synagoge von Ostia Antica
Die 1900 Jahre alte Ruine zeugt von einer der ersten Synagogen Europas. Die Gläubigen kamen vor allem aus dem heutigen Israel und Palästina. Dort fiel es ihnen schwer, unter römischer Herrschaft zu leben. Nicht so in Ostia Antica: Während das Christentum zur Staatsreligion erklärt, die Tempel antiker Gottheiten demoliert und neue Kirchen gebaut wurden, konnte die jüdische Gemeinde ihre Synagoge erweitern. Das spricht für Akzeptanz und eine große Glaubensgemeinschaft. Ostia Antica wurde gegen 650 aufgegeben, als der nahe Fluss versumpfte und es zu Malaria-Ausbrüchen kam. Die Synagoge verfiel.

Israel sieht sich als jüdischer Staat. Aber es leben auch Menschen anderer Glaubensrichtungen im Land. Denn in dem Gebiet haben unterschiedliche Gemeinschaften schon seit Ewigkeiten religiöse Wurzeln.

Die Macht

Religiöse Führer sind oft in die Politik verstrickt und haben Macht über Gläubige. Kriege werden mit Religionen begründet, Menschen aufgrund ihres Glaubens unterdrückt und getötet. Genauso sind Religionen der Antrieb für gute Taten, gegenseitige Akzeptanz und Frieden. Denn Religionen sind das, was Menschen daraus machen.

Die heilige Stadt

Jerusalem ist eine mit Bedeutung aufgeladene Stadt. Hier stehen die Heiligtümer des Judentums, des Christentums und des Islams. Die meisten Gläubigen leben friedlich nebeneinander in der Stadt. Doch über die Jahrtausende hinweg war Jerusalem immer wieder auch ein Ort der Gewalt. Das hat sich bis heute nicht geändert.

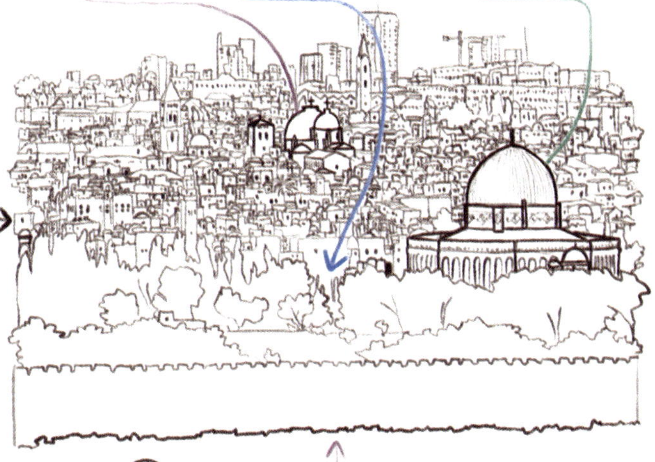

Er Riadh

Lag baOmer
An diesem Festtag kommen Tausende jüdische Menschen aus aller Welt zusammen, um in der el-Ghriba Synagoge zu feiern. Sie gilt als die älteste Nordafrikas. Darin verbaut ist ein Stein, der vom zerstörten Tempel in Jerusalem stammen soll. Zum Festtag beschriften die Gläubigen hartgekochte Eier mit ihren Wünschen und legen sie nah an diesen besonderen Stein.

Seit rund

2.600 Jahren

gibt es die jüdische Gemeinde wahrscheinlich schon im Dorf Er Riadh.

Menschen tun Buße in den traditionellen Gewändern.

Málaga

Semana Santa
Die heilige Osterwoche wird besonders gefeiert. Tag und Nacht ziehen Prozessionen mit prunkvollen Statuen durch die Stadt. Die Menschen singen, überall brennen Kerzen und es riecht nach Weihrauch. Ostern ist das älteste Fest des Christentums. Die Gläubigen denken an Jesus, der am Kreuz starb. Sie feiern, dass er nach seinem Tod wieder zum Leben auferstand.

Syrakus

Duomo di Siracusa
Die Kirche war ursprünglich ein griechischer Tempel, errichtet von Seefahrenden aus Korinth, die 743 v. Chr. nach Sizilien kamen. Rund 1300 Jahre später wurde der Tempel zur Kirche umgebaut und unter muslimischer Herrschaft zwischen 878 und 1085 diente der uralte religiöse Bau als Moschee.

In der Kirchenmauer sind die griechischen Säulen zu sehen.

Etwa

200 Jahre

lang waren Kreuzritter im Maschrek.

Ab 1096 zogen Kreuzritter von Europa nach Jerusalem, um die muslimischen Herrschenden dort zu vertreiben. Es waren arme wie wohlhabende Leute beteiligt. Neben den religiösen Gründen hofften sie auf reiche Beute und Kontrolle über den Handel mit Ägypten und Asien. Mit den Rittern kamen auch Handelnde, Pilgernde und Ordensleute. Schlussendlich wurden die Kreuzritter von muslimischen Heeren besiegt, einige christliche Ordenshäuser sind aber bis heute geblieben.

Tripolis

Jama Sidi Darghut
Die Moschee ist auf dem Fundament einer Hospitallerkirche gebaut. Die Hospitaller waren Kreuzritter in Jerusalem. Später setzten sie ihren sogenannten „heiligen Krieg" fort, indem sie als Piraten muslimische Handelsschiffe überfielen. Malta und Tripolis waren ihre Stützpunkte, doch nicht lange, denn 30 Jahre später vertrieben die Osmanen die Hospitaller aus Tripolis.

Vlorë

Sultan Nowruz
Dieser Tag ist in Albanien ein Feiertag. Es wird an den Kalifen Ali erinnert und der Frühlingsanfang gefeiert. Ein neues Jahr beginnt. Die Familien kommen zusammen, es gibt besondere Speisen und der Tisch wird mit Eiern, Äpfeln und keimendem Getreide gedeckt: Symbole des Neuanfangs. In Albanien leben mehrheitlich muslimische Menschen. Und obwohl das Fest islamische Wurzeln hat, feiern es Albaner unterschiedlichster Glaubensgemeinschaften. Es ist ein Tag der Versöhnung und des friedlichen Miteinanders im Land.

Osmanisches Reich um 1670

Die Osmanen waren muslimische Herrschende, erlaubten ihren Untertanen aber ihren eigenen Glauben. Ein osmanisches Symbol war der Halbmond und der Stern, die heute auf den Flaggen einiger islamisch geprägter Länder sind.

Libysche Flagge

Der Antisemitismus, der Hass auf jüdische Mitmenschen, wurde für diese immer gefährlicher in Europa. Viele entschieden sich zur Flucht. Wer blieb, musste sich verstecken, wurde in Ghettos gesperrt oder abtransportiert in Konzentrationslager.

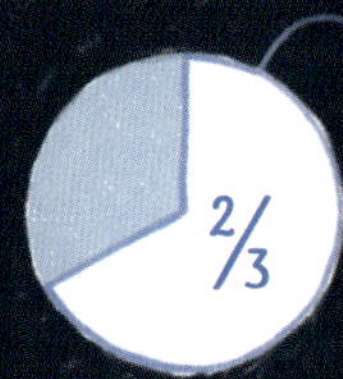

der jüdischen Bevölkerung Europas:
6 Millionen
jüdische Menschen wurden während des 2. Weltkriegs ermordet.

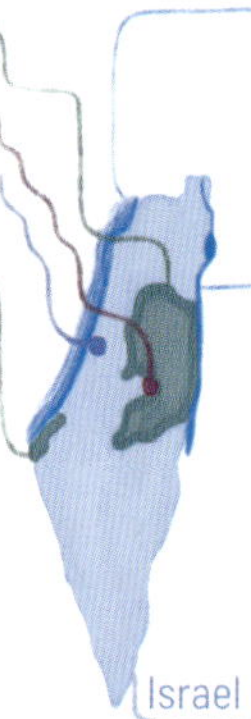

Die Gegend wird auch Palästina genannt. Manche Menschen, besonders in Gaza und dem Westjordanland, nennen sich demnach Palästinenser*innen.

Tel Aviv-Yafo – Yafa

Das Gebiet zwischen Mittelmeerküste und dem Fluss Jordan ist die Heimat vieler Menschen mit unterschiedlichen politischen, kulturellen und religiösen Vorstellungen. Das Zusammenleben ist nicht einfach, doch ihnen allen liegt viel an dieser Gegend.

14. Mai 1948

David Ben-Gurion
1. Ministerpräsident Israels

Tel Aviv wurde gegründet als jüdische Gartensiedlung und Vorort von Jaffa.

Tel Aviv: „Stätte alter Ruinen, wo neue Triebe sprießen“

Tel Aviv ist die erste größere Städtegründung seit dem frühen Mittelalter und noch sehr jung - etwas über 100 Jahre alt. Der Name der Stadt bezieht sich auf die jahrtausendealte Präsenz jüdischer Menschen im Land und das Wachsen einer neuen Gemeinschaft. Schon länger gab es die Idee, einen jüdischen Staat in Palästina zu schaffen, der Region, in der das Judentum seinen Ursprung hat. Das gelang mithilfe der Briten, die zu dieser Zeit das Land verwalteten.

Zwei Städte werden zu einer

1947 brach ein Bürgerkrieg aus zwischen den arabischen Bewohnenden Jaffas und jüdischen Menschen in Tel Aviv. Im April 1948 wurde Jaffa von jüdischen Streitkräften beschossen und Zehntausende arabische Menschen flohen. Im Mai, einen Tag nach der Kapitulation Jaffas, wurde der Staat Israel ausgerufen. Jaffa wurde zu einem Stadtteil Tel Avivs. Der hebräische Name der Stadt war fortan Tel Aviv-Yafo.

Tel Aviv wurde zur eigenständigen Stadt.

Das Ziel vieler jüdischer Zuwandernder war die Gründung einer europäischen Stadt. Tel Aviv ist nach europäischer Architekturschule geplant und gebaut, wie etwa dem Bauhaus-Stil. Auch das Flair der Stadt ist sehr westlich, modern und weltoffen. Weil sie so anders ist als die meisten Städte Israels, wird Tel Aviv auch *bubble* genannt: „Blase“.

Die Gründung Israels führte in den arabischen Ländern zu anti-jüdischen Ausschreitungen, worauf Hunderttausende jüdische Menschen von dort nach Israel flohen.

Als jüdischer Staat erlaubt Israel allen jüdischen Menschen, ihren Kindern, Enkeln und Eheparter*innen den Zuzug nach Israel. Sie erhalten automatisch die Staatsbürgerschaft.

Krieg um Krieg

Am Tag nach der israelischen Staatsgründung marschierten Truppen der Arabischen Liga ein, um die Staatsgründung rückgängig zu machen. Doch der Angriff scheiterte. Auf diesen ersten Nahostkrieg folgten noch vier weitere. Ihnen allen liegt dieser erste Krieg zugrunde, der in Israel Unabhängigkeitskrieg heißt und den arabische Menschen *Nakba* nennen: „Katastrophe."

Neben dem Staat Israel gibt es auch zwei palästinensische Autonomiegebiete: das Westjordanland und Gaza. Sie versuchen, einen eigenen Staat aufzubauen.

Kein Frieden im Land

Heute ist Israel militärisch der stärkste Staat der Region. Politisch eng verbunden mit den USA und Deutschland hat Israel ein angespanntes Verhältnis zu seinen Nachbarstaaten und den Palästinensischen Gebieten. Die israelische Besetzung Palästinensischer Gebiete, Gewalttaten, Kriege zwischen Israel und Gaza, verschiedene religiöse Überzeugungen, politische Ideale und Wut aufeinander trennen die Menschen voneinander.

Über

5.600.000

palästinensische Geflüchtete und ihre Nachkommen leben heute fern ihrer Heimat, viele im Nachbarland Libanon. Israel verweigert ihnen die Rückkehr.

Seit 2002 zieht Israel Mauern im Palästinensischen Gebiet, riegelt Gaza ab und beschränkt Import und Export.

Immer mehr jüdische Siedlungen entstehen auf palästinensischem Boden.

Etwa 600 israelische Straßensperren und Checkpoints schränken die Bewegungsfreiheit der palästinensischen Menschen ein.

Hassan Bek Moschee
Vom Minarett aus schossen arabische Kämpfende während des Bürgerkriegs auf Tel Avivis, bis die jüdische Armee siegte. Später wurde das zerstörte arabische Viertel jüdischen Geflüchteten aus Nordafrika überlassen. Die Moschee blieb aber erhalten und ist heute ein Symbol arabischer Behauptung.

Jaffa – oder arabisch Yafa

Die Stadt gibt es schon seit mindestens 1800 v. Chr. Um 1900 war Jaffa die wichtigste Hafenstadt Palästinas, ein kulturelles Zentrum und das Tor zu Jerusalem im Inland. Hier lebten muslimische, christliche, drusische und jüdische Araber*innen zusammen mit Zugezogenen aus dem ganzen Mittelmeerraum. Als immer mehr jüdische Menschen aus Europa flüchteten, entstanden neue Vororte um Jaffa. Einer davon war Tel Aviv.

Ein Großteil der arabischen Bevölkerung Tel Avivs lebt heute hier. Sie machen ein Drittel der Einwohnenden Yafas aus.

Israelische Schilder sind dreisprachig: Hebräisch, Arabisch und Englisch.

Jaffa Street
1948 wurden die Straßennamen Jaffas umbenannt und viele erhielten jüdische Namen. Die Kulturgruppe *Jaffa Street* möchte an die arabische Vergangenheit und Gegenwart erinnern: Zusammen fertigen Palästinenserinnen und Israelis Banner mit den alten Namen an und überzeugen Jaffas Einwohnende, diese an ihren Häusern zu befestigen. Sie schaffen so eine gemeinsame, arabische und israelische, Präsenz im öffentlichen Raum.

Israel 2023

450.000 Menschen

leben in Tel Aviv und die Stadt bietet etwa genauso viele Arbeitsplätze. 65% aller Beschäftigten pendeln von außerhalb in die Stadt, die ein weltweit berühmtes Zentrum der Technologie und Innovation ist. Sie zählt aber auch zu den 10 teuersten Städten der Welt.

Unterwegs auf den Wellen

Auf dem Mittelmeer herrscht reger Verkehr. Durch Schiffe wird das Mittelmeer ein Spaßbad, der Schlüssel zu wirtschaftlichem Erfolg, die Lebensgrundlage, eine Grenze und der rettende Weg.

Über **23.000**
Schiffe fuhren 2022 durch den Suezkanal.

Öltanker machen den größten Teil der Schiffe aus, die den Suezkanal passieren.

Wasserwege

Der Suezkanal verbindet das Mittelmeer mit dem Roten Meer und gehört zu den meistgenutzten Schifffahrtsrouten der Welt. Er verkürzt den Seeweg von Asien nach Europa, da die Schiffe nicht um den afrikanischen Kontinent fahren müssen. Wie bedeutend der Kanal für die globale Wirtschaft ist, wurde deutlich, als 2021 eines der weltgrößten Containerschiffe für 6 Tage lang im Kanal feststeckte und ihn blockierte. Damals entstand ein Handelsschaden von über 9 Milliarden Euro täglich.

Caulerpa taxifolia
Die Alge gelangte versehentlich vom Ozeanografischen Museum Monaco ins Mittelmeer, wo sie dichte Teppiche bildet und heimische Algenarten verdrängt.

Pterois miles
Der Feuerfisch wanderte über den Suezkanal ein.

Mnemiopsis leidyi
Die Meerwalnuss ist eine Qualle, die mit dem Ballastwasser von Frachtschiffen aus Südamerika kam. Sie vermehrt sich schnell und frisst Unmengen an Plankton, Fischeiern und -larven. Dadurch gehen die Bestände etwa von Sardinen zurück, was auch die Fischerei trifft.

Rund **1000**
gebietsfremde Arten wurden bisher registriert. Davon sind 10% invasiv.

Invasive Arten

Über den Suezkanal, aber auch mit dem Ballastwasser im Bauch von Schiffen, kommen neue Arten ins Mittelmeer. Begünstigt wird das durch die steigenden Wassertemperaturen und geschwächte Ökosysteme. Die meisten neuen Lebewesen sind eher unauffällig und fügen sich in die Umgebung des Mittelmeeres ein. Aber einige wenige entwickeln sich zur Plage. Das sind sogenannte invasive Arten.

Spaßboote

Mit einer Jacht durch türkisblaues Meer brausen, in einsamen Buchten ankern und jeden Abend in ein anderes idyllisches Küstenstädtchen für ein feines Essen - das Geschäft mit Jachten boomt. Doch Bootstouren sind nicht so unbeschwert wie es scheint. Es gelten viele Regeln, vor allem, wo geankert werden darf. Gerade in klaren Küstengewässern gibt es unter Schutz stehende Seegraswiesen und Koralligene. Wer dort unerlaubt den Anker auswirft, richtet enormen Schaden an.

Zwischen
6 und 34 Triebe
des Seegrases werden im Schnitt bei einem Ankerprozess zerstört.

Aus verschiedenen Gründen sind in den letzten 50 Jahren Seegraswiesen um 43% zurückgegangen.

Fischen als Balanceakt

Die Lage in Gaza ist prekär. Seit 2007 hat die Hamas, eine radikale und gewalttätige Gruppe, dort das Sagen. Immer wieder greifen die Hamas israelische Orte der Umgebung an, weshalb Israel die Grenzen abgeriegelt hat: Es ist schier unmöglich, den Küstenstreifen zu verlassen, und die palästinensischen Fischenden dürfen nur bis zu 15 Seemeilen auf das Meer hinausfahren. Kommen sie der Grenze zu nahe, werden sie von der israelischen Küstenwache beschossen, festgenommen oder ihre Boote werden beschlagnahmt. Durch die Blockade ist es kaum möglich, Taue, Bootslack, Ersatzteile oder gar neue Motoren zu bekommen, denn all das muss importiert werden. Immer mehr Fischerboote sind seeuntauglich und die Fischenden steigen auf Paddelboote um. Diese brauchen zwar keinen Motor, kentern aber leichter, was das Fischen gefährlicher macht.

Da Europa seine Hilfe für migrierende Menschen in Seenot immer weiter zurückfährt, übernehmen zivile Organisationen diese Aufgabe. So etwa *SOS Mediterranee*. Für ihre Rettungseinsätze auf hoher See und ihre politische Aufklärungsarbeit wurde die Organisation 2023 mit dem Alternativen Nobelpreis ausgezeichnet.

Laut internationalem Seerecht müssen Menschen in Seenot gerettet werden. Jedes Schiff hat die Pflicht dazu.

Migration ist ein politisch aufgeladenes Thema. Damit wird Wahlkampf geführt und von anderen Problemen abgelenkt. Die Meinungen über Migration gehen auseinander. Politikmachende müssen Kompromisse eingehen und einen Mittelweg finden, um die Bevölkerung im eigenen Land nicht noch mehr zu spalten. Doch ist der aktuelle Umgang mit Migrierenden wirklich der bestmögliche?

Hier nicht weiter!

Frontex ist eine EU-Agentur, die das Mittelmeer zu einer wasserdichten Grenze machen soll. Tatsächlich heißt das, internationale Menschenrechte zu verletzen: Menschen in Seenot bleiben ohne Hilfe, ihnen wird das Recht auf Asyl verweigert und sie werden zurück an die Startküste geschleppt. Genauso sind die tunesische und die libysche Küstenwache von der EU darauf angesetzt, Menschen auf dem Weg nach Europa aufzuhalten. Europa rühmt sich gern mit seinen Werten und der Achtung von Menschenrechten. Es scheint, als würden diese Werte auf dem Mittelmeer nicht gelten.

Die internationalen Menschenrechte besagen: Jeder hat das Recht auf Leben, Freiheit und Sicherheit der Person. Jeder hat das Recht, in anderen Ländern vor Verfolgung Asyl zu suchen und zu genießen.

Ein Boot voll Menschen voll Hoffnung

Das Mittelmeer gehört zu den gefährlichsten Migrationsrouten der Welt. Trotzdessen wagen Menschen die Überfahrt, denn es ist quasi unmöglich, auf legale Weise nach Europa zu kommen. Sie haben Angst vor dem langen und gefährlichen Weg und genauso Angst zu Hause zu bleiben, wo Armut, Gewalt und Krieg herrschen, wo es für sie keine Perspektive gibt. Kein Zaun, keine Grenze, keine noch so radikale Küstenwache wird Menschen davon abhalten, aufzubrechen. Denn die Hoffnung auf ein besseres Leben ist menschlich.

Macaca sylvanus
Der Berberaffe ist selten geworden. Zu römischen Zeiten lebten mit ihnen noch Löwen, Bären, Hirsche und möglicherweise Elefanten in den Wäldern des Maghreb. Mittlerweile sind nur noch die Berberaffen und Hirsche in wenigen abgelegenen Waldstücken zu finden. So im algerischen Taza Nationalpark.

Lymantria dispar
Raupe des Schwammspinners

Quercus suber
Die Borke schützt die Korkeiche bei Waldbränden: Sie ist elastisch, wärmeisolierend und wasserabweisend. Seit der Antike schälen Menschen die Borke vom Baum, um sie für Korken, Schuhe oder als Dämmung zu verwenden. Die Korkeiche erholt sich davon wieder, ihr wächst über mehrere Jahre eine neue Borke.

Ca. 200 kg
Kork liefert ein Baum in seinem Leben.

Im Wald am Wasser

Heute machen Waldökosysteme weniger als 10% des potentiellen Kronendachs im Mittelmeerraum aus.

Mediterrane Wälder werden seit 6000 v. Chr. von Menschen genutzt und verändert. Verschwunden sind sie deswegen nicht. Und die gute Nachricht: Die Wälder werden von Jahr zu Jahr wieder größer.

Wieso brennt der Wald?

Im Frühling treiben die Bäume neue Blätter und verlieren alte.

Im Sommer trocknet das Land aus.

Die Samen der saisonalen Pflanzen reifen, Gewächse verdorren.

Im Herbst und Winter regnet es häufig.

Über 90%
der Brände gehen heute auf unvorsichtige Menschen zurück.

Bei großer Trockenheit und Hitze kann es passieren: ein Brand entfacht. Feuer ist ein natürlicher Bestandteil mediterraner Wälder und entsteht zum Beispiel durch Blitzschlag. Viele Pflanzen haben sich daran angepasst.

Fruchtbare Asche, Verkohltes und sich zersetzende Pflanzenteile liefern Nährstoffe. Die Natur erneuert sich.

Canis aureus
Der Goldschakal kommt mit dem Wolf nicht gut aus, oft endet eine Begegnung für ihn tödlich. Da der Wolf aber seit dem Mittelalter von Menschen gejagt wird, kann sich der Schakal immer weiter ausbreiten.

Tibicen plebejus
Die männliche Singzikade sitzt meist weit oben im Geäst. Sie erzeugt einen lauten, rasselnden Gesang, der Weibchen zur Paarung anlockt. Jede Zikadenart klingt anders und es gibt unterschiedliche Töne zur Balz, bei Revierstreitigkeiten und Alarmrufe bei Gefahr.

In der französischen Provence sind Zikaden ein Symbol für das lebensfrohe mediterrane Lebensgefühl.

Die neue Normalität

Die Mittelmeerregion ist ein Hotspot der Klimaerwärmung: Hier zeigen sich die Folgen besonders deutlich. Was genau die Zukunft bringt, ist schwer zu sagen. Aber mit Sicherheit wird es nichts Gutes für uns Menschen und unsere Mitwelt sein.

Die Klimaerwärmung

Wir Menschen verändern die Welt. Unsere vielen Aktivitäten produzieren Treibhausgase, unter anderem CO_2. Das wirkt sich auch am Mittelmeer aus, wie bei Waldbränden gut sichtbar wird. Im Meer zeigt sich die Klimaerwärmung weniger auffällig, ihre Folgen sind aber nicht minder gravierend.

CO_2

Ein Treibhausgas

Kohlenstoffdioxid, kurz CO_2, ist ein Treibhausgas. In der Atmosphäre bewirkt es, dass sich die Erde immer weiter erwärmt. Seit Beginn der Industriezeit vor etwa 200 Jahren hat sich der CO_2-Gehalt in der Atmosphäre fast verdoppelt.

Wälder in Flammen

In den letzten Jahren mehren sich die Brände: Die Feuer werden immer zerstörerischer und schwieriger unter Kontrolle zu bringen. Das hat mit der menschengemachten Klimaerwärmung zu tun, aber auch mit der Nutzung und dem Schutz von mediterranen Wäldern.

Über 1 Mio. t CO_2 wurden allein in Griechenland im Juli 2023 durch Waldbrände freigesetzt.

Je verheerender der Brand war, umso länger dauert es, bis sich die Natur erholt. Doch generell wachsen Wälder mit hoher Biodiversität schneller zu ihrer ursprünglichen Vielfalt heran als andere.

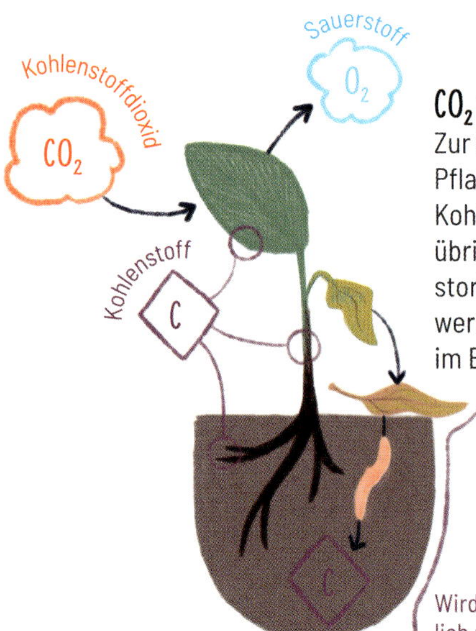

CO_2 wird abgebaut

Zur Fotosynthese braucht eine Pflanze CO_2. Der darin enthaltene Kohlenstoff wird Teil der Pflanze und übrig bleibt Sauerstoff. Wenn abgestorbene Pflanzenteile zersetzt werden, lagert sich der Kohlenstoff im Boden ein.

Oft sind Orte mit hoher Biodiversität sehr gute Kohlenstoff-Senken.

Wird an einem Ort wesentlich mehr Kohlenstoff eingelagert als abgegeben, ist dieser eine Kohlenstoff-Senke.

CO_2 entsteht

Ein Feuer braucht Sauerstoff. Zusammen mit dem Kohlenstoff in den verbrennenden Pflanzenteilen wird daraus CO_2. Bei großer Hitze wird auch der Kohlenstoff in der Erde freigesetzt.

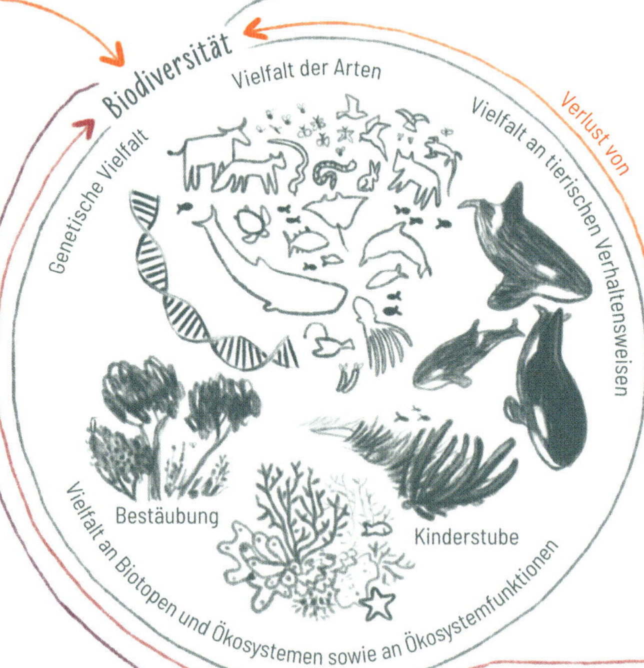

20% schneller

als global steigt der Meeresspiegel im Mittelmeer.

Das Wasser kommt näher

Wie schnell und wie weit der Meeresspiegel ansteigen wird, ist schwer vorauszusehen. Viele Faktoren spielen zusammen: Die Gletscherschmelze und das Heben der Gletscher, das Absenken von Landmassen, die Wasserdichte, die Verdunstungsraten und der Luftdruck. Deshalb ist der Anstieg überall unterschiedlich.

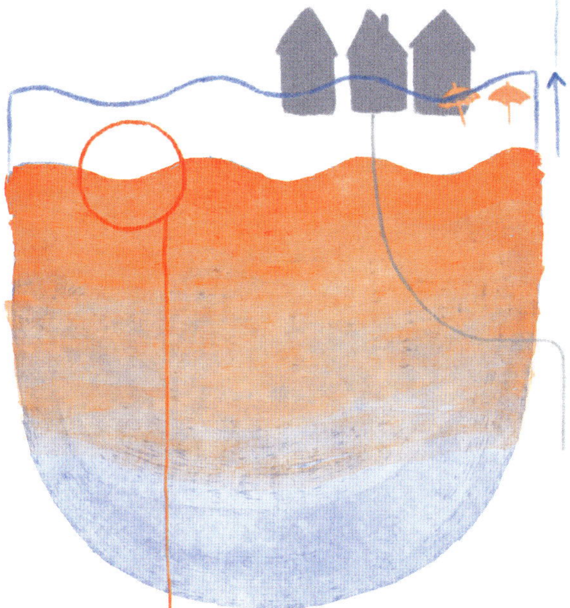

Im Schnitt um

2,8 mm

jährlich stieg der Meeresspiegel im Mittelmeer in den letzten Jahren.

Zahlreiche Bade- und Küstenorte sind betroffen, genauso Städte wie Venedig und Tel Aviv-Jaffa.

Im Schnitt um

0,38°C pro Jahrzehnt

erwärmte sich bisher das Oberflächenwasser des Mittelmeers. Das ist 3 - 4-mal schneller als der globale Durchschnitt.

Massentod im warmen Wasser

Heiße Sommer wirken sich auch auf die Wassertemperatur aus: Es wird immer wärmer. In den seichteren Küstengewässern kommen viele Lebewesen damit nur schwer zurecht - gerade solche, die fest an einem Ort leben, etwa Korallen. Ist das Wasser zu lange zu warm, sterben diese Tiere in großer Zahl. Solche Massensterben gibt es seit 2015 jährlich im Mittelmeer.

Golf von Triest, Italien

Der starke Winterwind *Bora* bringt Wasser aus der Tiefsee nach oben. Zudem verstärkt er die CO_2-Aufnahme.

Frisches Tiefseewasser ist kühler und basischer als Oberflächenwasser. Daher kann es CO_2 besser aufnehmen.

Dank der Nährstoffe, die das Tiefseewasser mitbringt, vermehrt sich im Frühling das Plankton rasch. Die kleinen Fotosynthese betreibenden Organismen bauen einen Teil des CO_2 im Wasser ab.

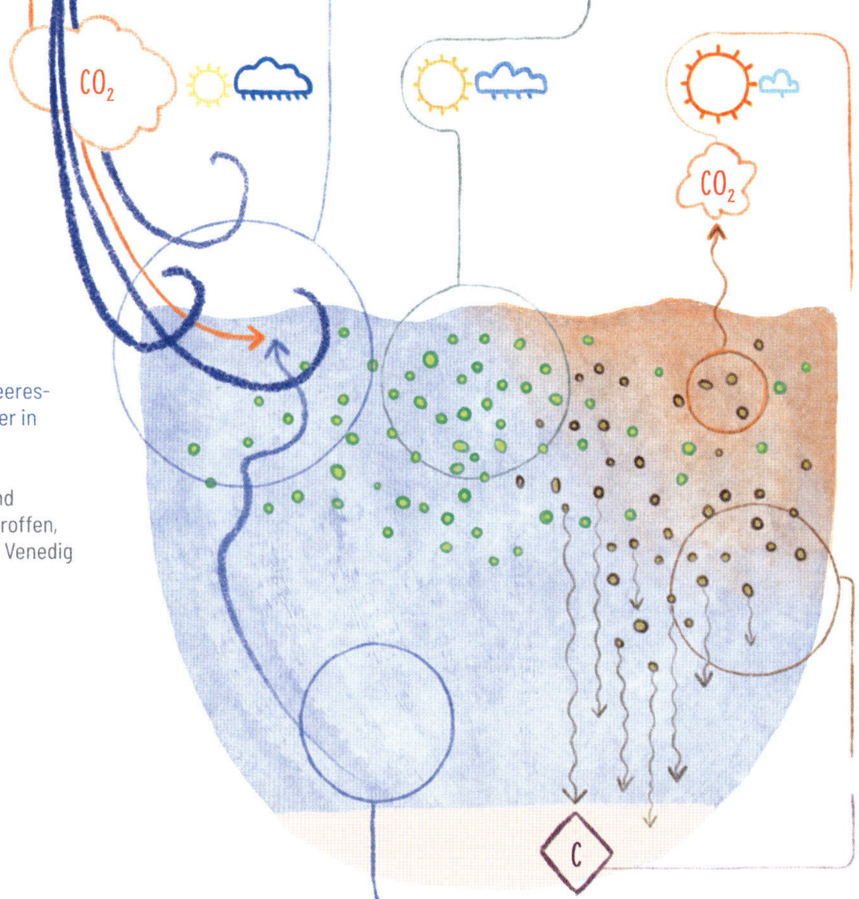

Im Sommer erwärmt sich das Wasser und kann nicht mehr so viel CO_2 halten. Zusätzlich stirbt Plankton ab. Ein Teil davon verrottet und setzt CO_2 frei.

460.000 t mehr CO_2

werden jährlich im Golf von Triest aufgenommen als im Sommer abgegeben. Das macht das Gebiet zur wichtigsten Kohlenstoff-Senke des Mittelmeeres.

Bakterien am Meeresgrund bauen CO_2 teilweise ab. Der darin enthaltene Kohlenstoff lagert sich im Boden ein.

Die Versauerung der Meere

Die Weltmeere nehmen etwa 30% der menschengemachten CO_2-Emissionen auf. Nicht alles davon wird von Plankton und Bakterien abgebaut, ein großer Teil bleibt als gelöstes CO_2 im Wasser oder reagiert zu anderen Stoffen. Das viele CO_2 verändert die Chemie des Meerwassers, der pH-Wert sinkt und es wird immer saurer.

30% saurer

als noch vor 200 Jahren sind die Meere heute. Insgesamt sind sie aber immer noch leicht basisch.

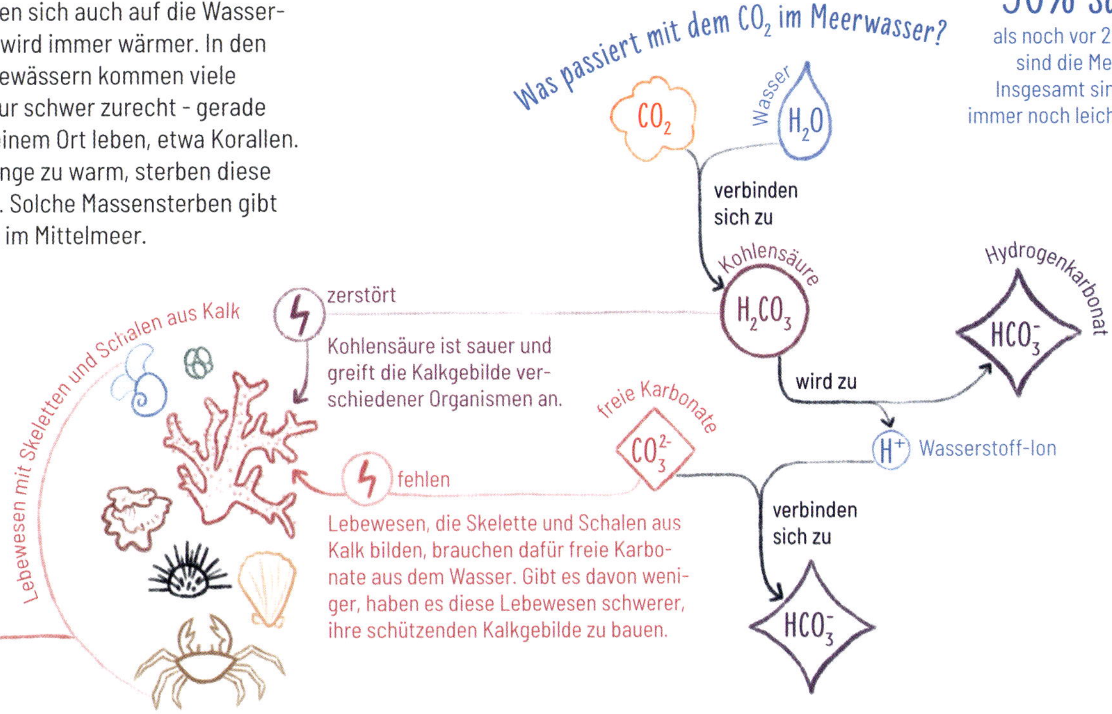

Schneller Wasseraustausch und Versauerung

Das Mittelmeer ist durch sein einzigartiges Becken besonders effektiv in der CO_2-Aufnahme, denn hier sinkt Oberflächenwasser schneller ab und Tiefseewasser steigt schneller auf als in den großen Ozeanen. Das heißt aber auch, dass im Mittelmeerwasser mehr CO_2 ist und sich die Chemie schneller ändert als anderswo.

60 Jahre

vergehen, bis sich Tiefsee- und Oberflächenwasser des Mittelmeeres einmal komplett ausgetauscht haben. In den großen Ozeanen dauert es etwa 220 Jahre.

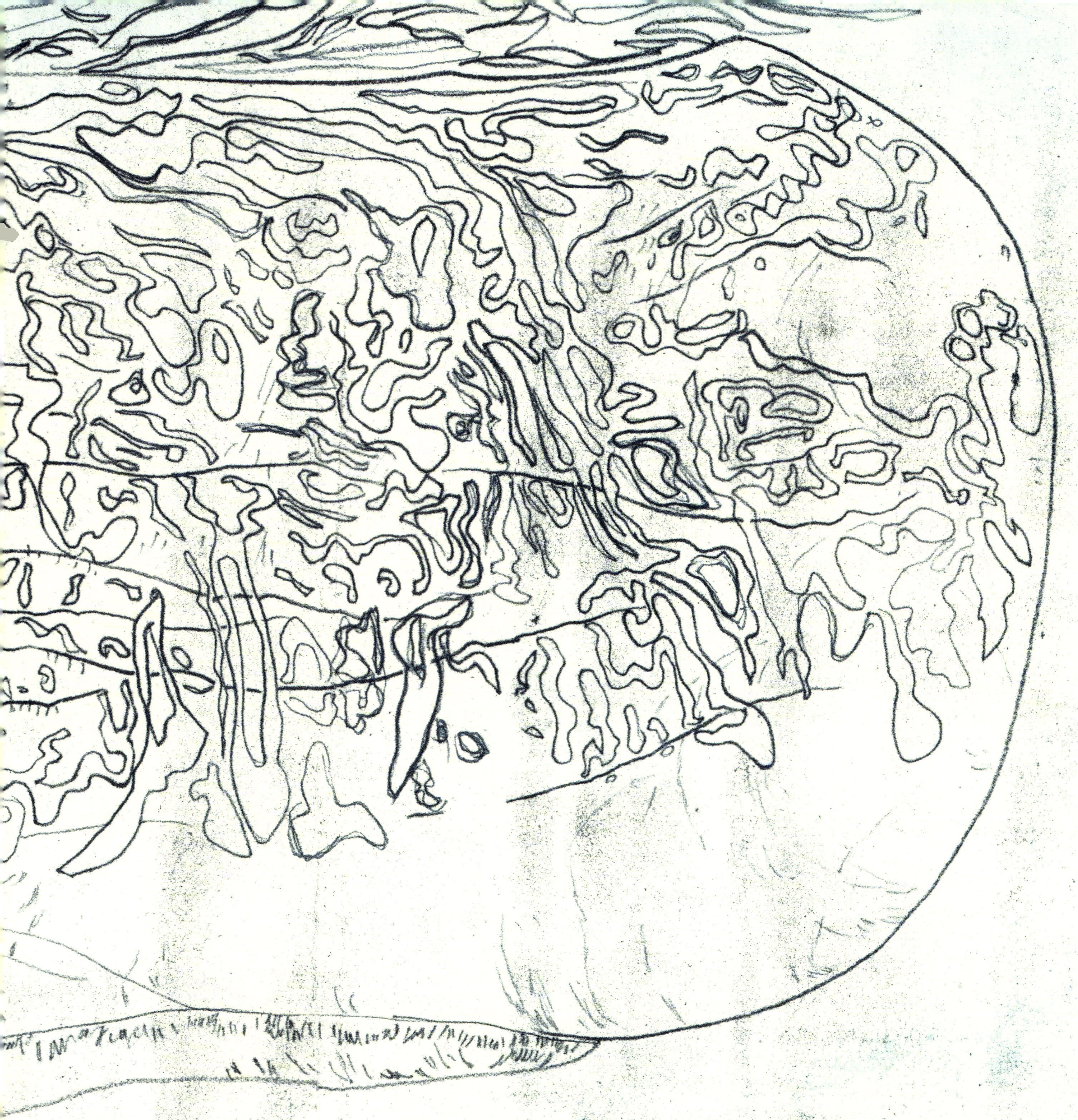

Register

T

U

V

W

X

Y

Z

Katharina Vlcek

Amazonien
Entdecke die Wunder des Regenwaldes

Der Regenwald am Amazonas ist der artenreichste Lebensraum der Welt. Dieses prächtig illustrierte All-Age-Bilderbuch befasst sich in kurzen Texten mit dem Ökosystem Regenwald, mit den Tieren, Pflanzen und Menschen im Amazonasgebiet und mit der Regenwaldzerstörung. Es berichtet von Verwandlungskünstlern und Symbiosen, erläutert Naturphänomene, erzählt von indigenen Völkern und der Dschungelmetropole Manaus und davon, wie es dem Regenwald heute geht und was das mit uns zu tun hat. Einfache Tipps, wie Kinder (und Erwachsene) im Alltag einen Beitrag zum Schutz des Regenwaldes und zu mehr Nachhaltigkeit leisten können, runden das reich bebilderte Buch ab.

Ausgezeichnet mit dem EMYS-Sachbuchpreis

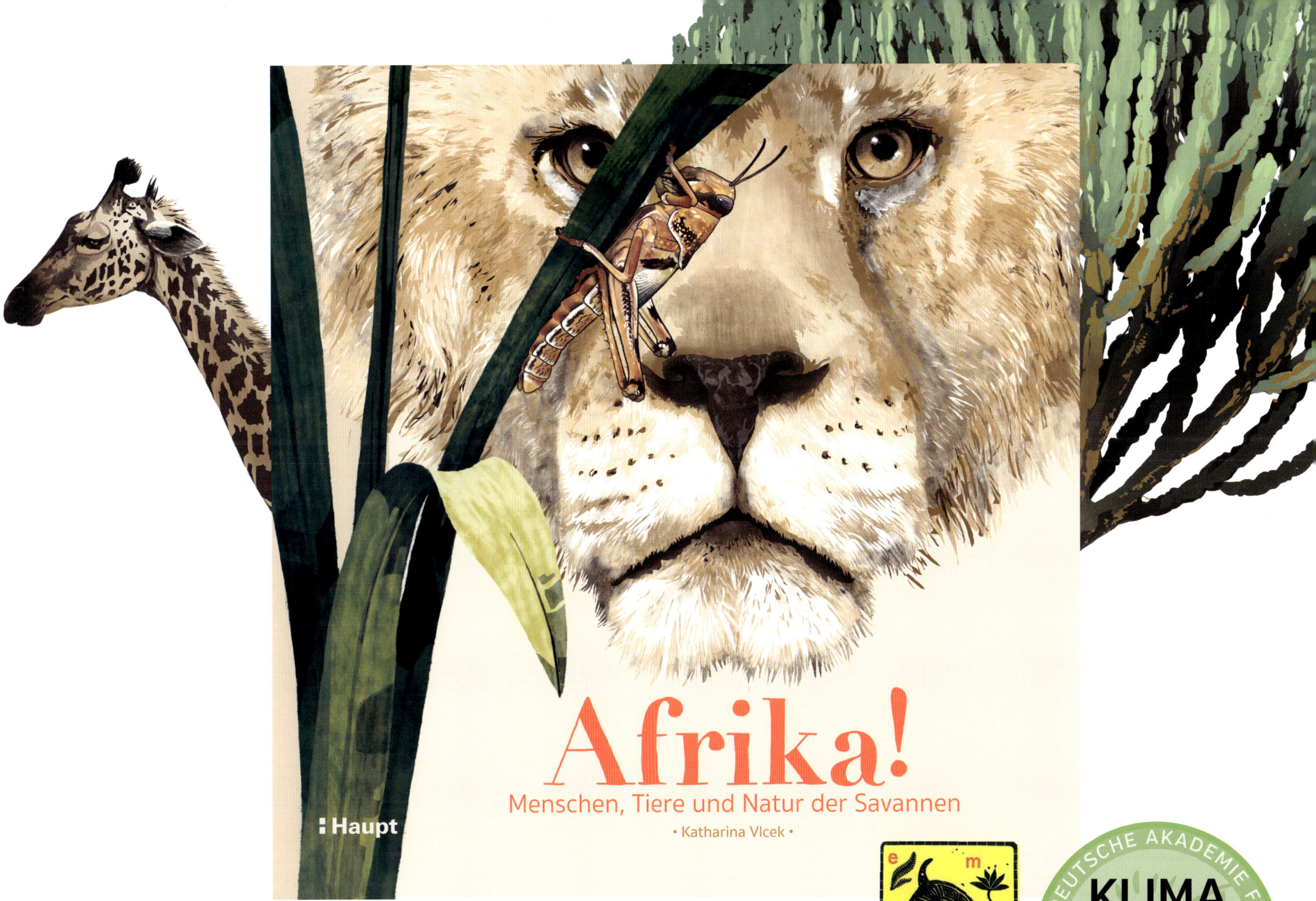

Ausgezeichnet mit dem EMYS-Sachbuchpreis

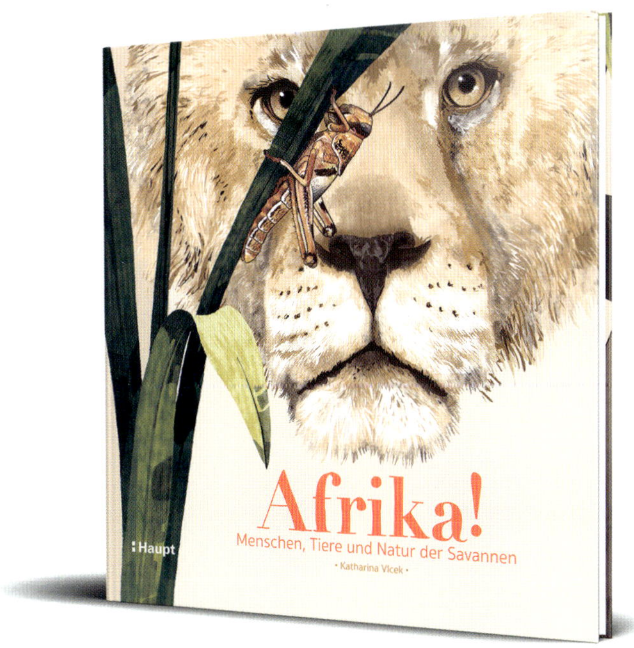

Katharina Vlcek

Afrika!
Menschen, Tiere und Natur der Savannen

Der afrikanische Kontinent ist ungefähr zur Hälfte mit Savanne bedeckt. Die prächtigen Illustrationen und kurzen Texte in diesem Buch berichten von Menschen, Tieren und Pflanzen der Savannengebiete. Kinder und Erwachsene begeben sich auf eine Reise zu zähen Gewächsen, zu hungrigen Raubiteren und ihrer flinken Beuchte, zu den Zeugnissen alter Kulturen und in pulsierende Metropolen. Afrika südlich der Sahara ist voll von Überraschungen – komm mit und lass dich begeistern!

Katharina Vlcek ist eine freischaffende Autorin und Illustratorin, die ihre vielseitigen Interessen in ihren Büchern zusammenbringt. Für dieses Buch reiste sie ans Mittelmeer, um Ideen zu sammeln, Fragen zu klären und um sich einen eigenen Eindruck vor Ort zu verschaffen. Katharina Vlcek studierte Illustration an der Hochschule für Angewandte Wissenschaften in Hamburg und lebt mit ihrer Familie im Umland Hamburgs.

Die sechs textlosen, doppelseitigen Illustrationen im Buch sind Radierungen mit Weichgrund und Aquatinta. Dabei werden die Motive in Zinkplatten geätzt, mit Farbe eingewalzt und mit der Druckpresse auf Papier gedruckt.

1. Auflage: 2024

ISBN 978-3-258-08364-3

Umschlag, Illustrationen, Gestaltung und Satz: Katharina Vlcek, D-Glinde

Dieses Buch entstand als Masterarbeit an der HAW Hamburg, betreut durch Prof. Reinhard Schulz-Schaeffer.

Wir verwenden FSC®-zertifiziertes Papier. FSC® sichert die Nutzung der Wälder gemäß sozialen, ökonomischen und ökologischen Kriterien.

Gedruckt in Slowenien

MIX
Papier | Fördert gute Waldnutzung
FSC® C106600

Diese Publikation ist in der Deutschen Nationalbibliografie verzeichnet. Mehr Informationen dazu finden Sie unter http://dnb.dnb.de.

Der Haupt Verlag wird vom Bundesamt für Kultur für die Jahre 2021–2024 unterstützt.

Wir verlegen mit Freude und großem Engagement unsere Bücher. Daher freuen wir uns immer über Anregungen zum Programm und schätzen Hinweise auf Fehler im Buch, sollten uns welche unterlaufen sein.

www.haupt.ch